不運の中にも幸運あり

（自分史 前編）

鈴木光治

本の泉社

まえがき

私は幼い時、父の離婚で、母に捨てられたと思っていました。しかしあとになって、義母は黙々と私を支えてくれたことを思い出しました。恋愛結婚に破れた時も、小さい時にお世話になったおばさん達が、生涯の妻を紹介してくださいました。

若い頃は女運が悪いのだと思い込んでいましたが、決してそうではないことに、年をとってやっと気づきました。

世の中には、自分は不運だと思っている方がいると思います。生きている以上、不幸な体験を嘆くこともあるでしょう。その方たちも友人の助けや自分の道を切り開いて行く中で、人生は不運なことばかりでもないことに気づく時がくるのではないでしょうか。

私の恥ずかしい体験が少しでも参考になればと、これを書きました。ご自分のマイナス体験を、ぜひプラスに変えて生きてください。

不運の中にも幸運あり（自分史前編）　目次

目次

一・一家離散

泣き明かした夜

私は生母の顔を覚えていません。五歳の私はその夜、泣き続けた。手のひらで涙をぬぐいながらしくしくと泣き続けた。今までの人生であんなに泣いたことは、それ以来ない。私の前に小さな机があり、その上においてくれたどんぶりに大福もちが山と積んであるのを顔に当てた手のひらの指の間から時々のぞく。大好きな大福もちだ、私が大好きだと聞いて用意してくれたのだろう。しかし食べる気がしない。なぜ私は父母や妹と離れてそこにいるのか、今まで会ったこともない伯父伯母の家にどうして自分だけがいるのか？

これが初めて父の兄伯父夫婦の家に着いた晩のことで、今でも鮮やかに指の間から見えた大福もちが頭の中の写真となって残っている。

嫁・姑の衝突

これはずっと後で知ったのだが、我が家は昭和恐慌のあおりを受けて、父の東京での商売がダメになり実家の静岡県金谷（大井川西岸）に一家揃って父母・妹・弟・私の五人が父の祖父母の家に戻って来た。その金谷の家で、嫁姑のひと騒動があったらしい。

父方の親類は女性が気の強い人たちだった。その昔、父の祖先は幕府の領地であった牧の原（後に茶園で東洋一と言われた所）の見回り役で馬を飼っていた。その中のあばれ馬も、祖母の言うことには従ったという。一方、私の生母は生粋の江戸っ子でこちらも気が強く、これは私の想像だが祖母に負けず、いさかいが絶えなかっただろう。そのうえ生母の家は金持ちで離婚して東京の実家に帰った後、何回か生活費を送ってきたという。父はそのつど返却し、国内には仕事がないので出稼ぎに台湾へ行くことになった。これも父から直接聞いたことではなく、我が家にはたった一枚の地図があり、それが台湾の地図だった。我が家は一家離散し、弟は隣村の農家の養子となり、妹は金谷に住む父の姉の北川伯母の家に預けられ、私は伊東の伯父夫婦の元へと分散した。

生母が東京の実家へ帰ったもう一つの理由は、金谷の家の貧しさだったと推測する。母の実家から送金できるほど東京の家は金持ちだった。生母はお嬢さん育ちで貧困に我慢できなかっただろう。

昭和大恐慌

歴史の本によると、大恐慌は一九二九年にアメリカの株の大暴落から始まり世界中に広がった。日本の輸出は落ち込み生糸の一梱《ひとこり》（三三・七五キログラム＝九貫目）の価値は恐慌前の一四〇〇円から恐慌一年後には五〇〇円に暴落。輸出不振対策として生産は制限され、低コストのため首切りが始まった。生糸の生産量は一九二六年を一〇〇％とすると、一九三〇年に九八・七％、一九三三年には八八・一％と低下し、中小企業が倒産し、大量の首切りで失業者は一九三二年には五〇万人となり、帰農者を含めて三〇〇万人に達した。大恐慌の被害は労働者の肩に集中的にのしかかった。このため大都市では、夜逃げ・行き倒れ・親子心中・強窃盗・娘の身売りが多数にのぼって社会問題となった（家永三郎・黒羽清隆著『新講日本史』三省堂、一九七六年）。

父の東京での商売（茶商）はそれまでは、かなりうまくいっていたと見え、私は子ども用ブリキ製自動車を乗り回して遊んでいた記憶がある。子どもが自家用車を持っていたのである。

二、漁村伊東で学んだこと

門前の小僧として

私が預けられた伯父は、当時私たちの故郷金谷から一四〇キロも離れた漁村伊東に住んでいた。まだ熱海からの伊東線が建設中で、バスに乗って往復した。バスガイドさんが「向こうに見えます島は『はつしま』と申しまして」と遊覧バス並みの案内をしてくれたことが印象に残っている。

この鉄道建設中というのは子どもにとっては嬉しい出来事だった。大量のセメントを使うため、空地に袋がたくさん捨ててあった。子どもたちは袋に使った綴じ紐に目をつけ、凧揚げの紐として再利用した。いくつか白い紐を結びつけて凧揚げをして楽しんだ。伯父は伊東小学校に勤務していた。伯父に預けられた時、父が「必ず迎えに行くからな」とか言ってくれたら、私はあんなに泣かなかっただろう。

私は小学校入学前に「人生不可解」を体感していた。いつも憂鬱で疑い深い子に育っていった。私は幸運にも、大きくなってから自分の疑い深さの原因に気づいた。伯父夫婦には一人娘がいたが、当時の漁村伊東に高等女学校（旧制の女子中等教育機関。男子の五年制中学校に対応するものとして一八九九年正式に発足。在学期間は四年または五年）はなく、伯父の故郷金谷の伯母の家から静岡市内の学校に通っていた。それでふだん私はまるで一人息子の身分だった。

伯父は教頭で、休日には家に高等科（現在の中学一、二年）の生徒を何人も集めて無料の塾を開き、卒業生を伯父の母校浜松師範学校（明治から戦後まで教員を養成した学校）に送り込んでいた。その学校は寄宿舎制のため遠くの地域からでも入学できた。おまけに授業料なし、そのうえ、わずかだが小遣いまで出た。門前の小僧である私は上級生が朗読していた、「し、のたまわく…」だけは今でも覚えている。そして孔子には今でも親しみを感じて『論語』に関する本は何冊か持っている。その中で一番読みやすいのは『論語新訳』（魚返善雄訳、学生社）で、私は小心者なので思いきって行動する時は「正義を見送るのは、意気地なしだ」という論語の文言を思い出している。ちなみに、孔子の人柄がわかるのは次の文章。「馬小屋が焼けた。先生（孔子）は御殿からさがって、――『ケガ人はいないか…』馬のことは聞かなかった」。当時の馬は現代での車以上の貴重なものである。車庫が焼ければ車が気になるだろう。孔子は世話をしている人のことを心配していた。孔子の教えの中心は「仁」（人の道）で、彼の一番弟子の顔淵が仁とは何か質問する。「先生――欲を押さえて規律を守るのが、人の道だ」。さらに孔子は「一日でも欲を押さえて規律を守れば、世間が人の道につく」と。高弟の子貢が政治のことを聞く。「先生――食料を増やし、軍備をよくし、人民を信頼することだ」

「子貢――どうしてもダメな時は、この三つのどれをすてますか」「先生――軍備をすてる」この孔子の考え方は現代の政治にも当てはまる。日本は憲法九条で戦争をやめると宣言しているのに、アメリカべったりの政府や、戦争で大儲けを企んでいる死の商人は戦争を望んでいる。

　戦争中にうどん製造で活躍した知人と駅の待合室で会った時、「今、景気はどうですか」と質問したら、「悪いね」と言ってから、小声で『また、戦争にならんかな」とつぶやいたのにはびっくり。国民が戦争はもうこりごりと思っている時に、戦争を望んでいる人がいたのである。彼はその後政界に進出し、市会議員になり、議長にまでなった。彼がもう少し若ければ、衆議院議員になっただろう。

温泉プールで溺死寸前

伊東の話に戻ろう。伊東は今から八〇年も前は漁村で温泉が次々と発見されていた。小さな池の水が温かいと思ったら温泉が湧き出ていたとか、井戸を掘ったら水ではなくお湯が出てきたという話もあった。我が借家には風呂はなく、温泉プールのある温泉場まで出かけた。冬になると水泳選手が練習に来ていた。ある時、隣の入浴場からプールへ入る水中階段で足を滑らせて溺れそうになった。温泉水を腹が膨れるほど飲んだが、運よく何かにつかまり命だけは助かった。事情を言うのもはばかられて、おなかの調子が悪いと言ったら「神薬」という薬を飲ませてくれ治ってしまった。あの時溺れていたら新聞に「プールで少年溺死」と書かれるところだった。

伊東の朝日

伯父の家は、丘の中腹の別荘地帯の借家で、伊東湾を見下ろす朝の風景は素晴らしかった。真っ平らな海上から真っ赤な太陽が少しずつ顔を出し始め、やがて真っ白な光線の発光体へと変身していくのだった。

別荘はふだん人がいないので子どもたちの遊び場になった。別荘の番人に怒鳴られながら逃げ回った。浜辺では漁船が帰ってくると皆で力を合わせて、セイノーと掛け声を張り上げて、砂浜の上部へと引き揚げた。船の綱を大人も子どももつかんで掛け声をかけて揚げたのである。みんなで協力する姿は見ていて気持ちが良かった。

その頃の海水は透き通っていて大変きれいだった。一度、砂浜でなく岩場で一人遊んだことがある。暑いので素っ裸になって衣服を岩の上に置き、岩の間の魚を捕まえようと夢中になって遊んだ。遊び疲れて家に帰ろうとして服を着ようとしたら、ない。後で気がついたのだが、干潮の時、脱いで置いた衣服が満潮で流されてしまったのである。泣きべそをかきながら素っ裸で走って家に帰った。その頃の伊東は人家が少なく、誰にも会わなかった。今だったら、見世物になっただろう。

おねしょ地図と伯父伯母の思いやり

伯母は退職教員で私は叱られた記憶がない。私の忘れられない心の写真に、伯母が私の布団を干している場面がある。最初の頃私はよく寝小便をしてその布団の模様がだんだん複雑な茶色の地図を描いていった。見ているだけで恥ずかしかった。伯母は駄菓子好きで、その頃の菓子屋の店においてあった高さ四〇センチ幅三〇センチほどの透明ガラス製の大きな菓子入れが三個も棚の上に並んでいた。子ども心にも感心したのは毎朝新聞を配達する少年のために、新聞を挟む窓のところにひとつまみの菓子を紙に包んで置くのだった。

　伯父伯母の思いやりのおかげで、私は伊東にいた二年間余りはいじめられたことは一度もない。日曜日には上級生に連れられて山へメジロやウグイス捕りのお伴をした。竹竿の先にねばねばしたモチをつけ口笛でホーホケキョと誘う。私も真似していたので今でも下手くそながら口笛でさえずることができる。

　伯父の家には時折漁師さんが獲れたての新鮮な魚を持って来た。そこで伯父は刺身包丁を買ってきて刺身をつくり出した。それで私は今でも刺身には目が無い。大好物だ。

　伯父には、叱られたというより注意されたことは何回かある。その頃伯父の家には水道がなく洗顔は家を出て一〇メートルほど先の小川でした。その清らかな水の中に、透明な小さなエビなどがいて興味津々の小川だった。ある時、伯父にしっかり顔を洗っていないと言われた。どうしてばれたかと思ったら、寒い朝で水が冷たかったので手のひらの半分ぐらいしか水にぬれた部分がなく、一目瞭然だった。もう一回は伯父と温泉風呂に行き、つい気持ちがよくなって洗い場で放尿してしまったのである。黄色い液体が独特な臭いを放ちながら流れていたのが見つかってしまった。

二・二六事件当日の小さな雪だるま

伊東での楽しい思い山は、珍しく雪が降り小さな雪だるまをつくったこと。一九三六年（昭和一一年）二月二六日だった。なぜ正確に日を覚えているかというと、後で知ったのだがあの二・二六事件の日だったからだ。その日、内大臣齋藤実・大蔵大臣高橋是清・教育総監渡辺錠太郎が軍人のクーデターで殺害された。この三人は立派な方ばかりで、齋藤氏は海軍大将で朝鮮総督の時、それまでの武断政治から文化政治に大転換した穏健派。高橋氏は元首相で昭和恐慌を乗り切った政治家。渡辺氏は陸軍大学校長で陸軍大将、当時右翼が攻撃した美濃部達吉の天皇機関説を支持した良識ある軍人だった。この良識ある指導者たちを殺害した後、日本は軍人の暴力支配の国になり、米国を敵に回した愚かな戦争に入る。

当時ベストセラー作家だった五味川純平（小説『人間の条件』『戦争と人間』の著者）は、当時の日米の国力を一対三〇〇と計算していた。暴力主義の軍部と愚かな政治家の指図で、三一〇万人の戦没者を出し、それを上回る負傷者や悲しみに暮れた家族や友人を出した。しかも戦死者と呼ぶが、実際は、ある学者によると、六、七割は病死・餓死だったそうだ。大失敗の例を挙げると、一九四四年三月のインド侵攻作戦「インパール作戦」で、ビルマから山岳地帯を越え、英国とインド軍の反撃により、弾薬不足と飢餓のため「戦死三万人・病死二万人を超す大損害を被り、この作戦失敗によりビルマ方面の日本兵の防衛線は崩壊した（『角川日本史辞典』二〇〇六年）。私が村の遺族会作成の戦没者名簿を見た時、戦死場所が台湾沖で米国の潜水艦による攻撃で溺死された方が多いことを知った。

なぜ二・二六事件を思い出したのかというと雪である。殺害された渡辺錠太郎氏は射撃の名手で銃撃してきた兵士を迎え撃った。その時、殺さないように足を狙い、帰っていく兵士たちの足跡が雪に赤い血で点々とつながっていたという。そういう兵士の命を大切にした人が命を奪われたのである。暴力で解決しようという考え方は野蛮で恐ろしい。彼の娘の和子さんは、当時小学校三年生で弾丸除けに立てかけた机の後ろに隠れ、父親が射殺される現場にいた。このショックでのちに修道院に入り、アメリカに留学し、大学院で学位を取り帰国してノートルダム清心女子大学の教授となり、三六歳の若さで三代目の学長になった。

二・二六事件の後、軍国主義が学校にも広がってきた。私が小学校二年の時、授業時間中にドイツやイタリアの国旗と日の丸を描かされたことがあった。日独伊防共協定（一九三七年）の三国代表が伊東を通って川奈ホテルに宿泊する時、私たち小学生は授業を放棄させられ沿道に並ばされ、旗を振り歓迎させられたのである。その時外国の国旗を初めて知り、日の丸は単純でいいなと思った。

時間をかけて複雑な外国の国旗を描き、沿道で振り回したのに、車はあっという間に消えた。

三。 小学校三年生、転校生の浮き沈み

いじめっ子をやっつけ、友増加

小学校三年になって伯父夫婦の一人娘が付き添ってくれて、伊東を離れ金谷駅に降りた。父が自転車で駅まで迎えに来てくれた。その頃はまだ舗装されていないデコボコ道を二〇分ほど、荷台に乗って五和村の我が家に着いた。そこにいた母は生母ではないことは一目でわかった。そしてかわいい妹が一人いる一家四人の生活が始まった。

村の小学校への転校生は珍しくじろじろ眺められたものである。しかしいじめられた体験はない。私の家の近所には同級生が数人いて、後年同級生の塚本君がこう言った。「小学校の時の鈴木君は怖かったなあ。近づけなかったよ」と。小学校の同窓会で言われた時には驚いた。どうもその頃から私はケンカ小僧で気にくわないと殴り合いをしたので、多くの同級生から警戒されていたようである。

三〇歳を過ぎたころ東海道線の小さな駅のプラットホームで電車を待っていたら「鈴木君じゃあないか。会いたかったよ」と大工姿の男が近づいてきて話しかけた。私は伊藤君だとひと目でわかった。が、驚いたのは彼が話ができることを発見したから。彼は小学生の時、一言もしゃべらず口がきけない人だと思っていたからである。

車中の彼は私がすっかり忘れていた転校後の事件を話してくれた。思い出した。一人の同級生が、休み時間に、一番後ろの席にいた伊藤君をいじめ始めたのである。その話しっぷりがしつこく伊藤君を非難していた。見かねて、

「君、嫌がってるじゃないか、やめろよ」と止めに入った。相手は

「生意気言うな！　俺はこいつに話をしろって言っていただけさ」

「だけどさ、話したくないんだから、そっとしておきな」

「転校生のくせに、だまってろ！」と、いきなりなぐってきた。そこでなぐり合いになり、私の一撃が彼の鼻に命中して鼻血がダラダラと流れ落ち、クラスは騒然となった。その時、始業の合図で担任の加藤先生が入ってきた。「誰

がやった？」と尋ね、「鈴木、おまえがやったのか。廊下に立っておれ」と命令した。私はその時間から廊下に立たされ、見世物にされた。私は悪いことをしたとは思わなかったので平然と立っていた。立ちながら不満だったのは、なぜケンカをしたのか加藤先生は聞いてくれなかったこと、同級生の中に私に味方して説明してくれる人が一人もいなかったことだった。

立っていると休み時間になって、隣の組のささやき声が聞こえてくる。「あいつが今度転校してきた奴さ、何で立たされてるんだ」「あの組のボスとケンカして、やっつけたって、すげえ」そこで初めてケンカ相手がボスだったことがわかった。だからみんな何も言えなかったのか。仕返しがあるかな。あれば、またのしてやるだけさ。あんな威張る奴は大嫌いだ。などと考えながらうわさ話を聞いていた。それにしても先生はどうしてケンカの理由を聞いてくれなかったのか。

このとっくに忘れていたことを伊藤君は話してくれた。そして嬉しかったのは、「鈴木君のおかげで、あれ以来いじめられなくなったよ。本当にありがとう」と話してくれたことだ。

伊藤君の話で、あれが私のケンカ始めと悟った。あの時とっさに彼をかばったのは、伊東での二年余り、見知らぬ土地で伯父夫婦に大事に育てられ、あの漁村で嫌なこと一つなく楽しく過ごせたことで、人々の優しさと同情を感じていたからだ。漁村伊東で学んだのは助け合いの大切さだった。

あのケンカは思いがけない発展があった。伊藤君の住む地域の同級生から次々と遊びに来ないかと誘いがあった。その地域には北側に丘があり、東側には有名な大井川が流れていた。私の遊びの範囲は大きく広がった。

ある日、丘の上の神社へ行った時、その庭に村一番の樹齢何百年と思われる大きなクスノキがそびえ立っていた。子どもだと幹を囲むのに数人でやっと囲める木である。驚いたのは木の根が四方八方に地上に現れ、まるでタコ足のように曲がりくねっているのである。

もう一つの大発見は大井川の自然がつくった天然大プールで、何のことはない水たまりなのだがその大きいこと、川幅が一キロもある日本で有数の川にあるのだから。浅瀬と深いふちがあり、当時は人工のプールはほとんどなかったから、夏休みになると子どもたちの絶好の遊び場だった。

畳水練

私が伊東で溺れかけた体験から、家に義兄が置いていった水泳の本で学び、畳の上で泳げるようになっていた。国語辞典には「畳水練」という言葉が記載されていて「畳の上でする泳ぎの練習のように、実際に役立たない練習」と書いてある。しかし私は水泳の本で平泳ぎ・横泳ぎ・立ち泳ぎが立派にできるようになった。しかし、クロールは息継ぎがうまくいかず、やはり練習で身につける必要はあった。

反抗的な転校生

加藤先生には一日中立たされたこともある。ある時、罰として「立て」と言われたが座っても良いというお許しがない。その時間が終わり、休み時間になってもその次の時間もそのままである。やがて放課後、同級生は全員帰宅した。しかし、まだ許されない。真面目な私は立ち続けた。喉が渇き、トイレに行きたくなり、空腹になった。がらんとした教室でたった一人立っているのは惨めそのもの。学校中がシーンと静かになって、校庭で遊んでいる子どもたちの声がいやに楽しそうに聞こえてくる。足がしびれ始めた。なぜ立たされたのだろうと考えてもその理由がわからない。たぶん先生の気に入らないことをしたのか、言ったのか、反抗したに違いない。

そこに救い主が現れた。父だった。私がいつまでたっても帰ってこないので学校に様子を見に来たら、教室の真ん中でもう泣き出しそうになっている息子を発見したのである。「先生の許しがない」という私の説明で直らに職員室に行き、話をつけてくれた。どうも加藤先生は私を立たせたことを忘れてしまったようであった。それ以来、我が家では加藤先生の評価は最低になった。しかし、八〇年たってあの時の自分のことを思うと、むしろ関係悪化は私の方に責任があったと思えた。

前に通っていた伊東小学校は四〇人ほど教師がいる大きな学校で、しかも伯父が教頭。一家離散のかわいそうな子を預かっている事情は知られていただろう。同情を集めたのだろうか、一、二年では優等生で特別扱いだった。

転校先では異分子の生意気なちびが舞い込んできたのだから大変な地位の変化である。そのうえ当時の私には、伊東に行った時も戻った時も一切そうなった事情の説明がなかった。だから「人生不可解」の状態でことあるごとに八つ当たりしていた不平分子でもあった。

そう言われれば何人かとケンカをしたことを、相手の名前と共に今でも覚えている。全部勝った場合だけで負けた場合は覚えていないのだから、全勝である。

私がどうしてケンカっぱやかったのか考えてみると、第一に不満がたまっていたからだと思う。何の説明もなく他人の家に送られ、帰ってきたら知らない母親がいて、その理由もわからない。第二に自分の説明能力不足、表現力が低くて不満を言葉に出せず、つい手を出してしまうこと、もっと父親に質問をすべきだった。第三に腕力に少々自信があって話すより殴った方が速いというせっかちな性格のためもあったと思う。

小学校三年生は、私の学校生活の中で最悪の年だった。担任の加藤先生を尊敬できなかった理由が他にもあったのだ。もごもごと話すので聞き取れないことがあり、短気の私はいらだったのだろう。私は生まれつき左耳が聞こえない（これに初めて気がついた時は師範学校予科入学〈現在の中学三年〉の身体検査だった）。私の耳では加藤先生の話が聞き取りにくかったという事情もあったのだろう。

「バカ」呼ばわりされた友の良さ

私が転居して一番良かったのは同級生の友だちが近くに何人もいたこと。伊東の家は別荘地の中なので、ふだんは近所に人はいなかった。しかし、五和村とはいっても中心地で、店がずらりと並んでいた。私が一番気に入ってたびたび見学したのは鍛冶屋だった。当時は二軒もあり、主に農業に使う道具をつくったり修繕したりしていた。真っ赤に焼いた鉄をカーンカーンとたたいて形をつくっていた。菓子屋や漁屋・米屋・銀行まであった。蹄鉄屋では馬の爪が削り取られるのを守るため鉄製の補強金具を専門につくっていた。

同級生の大久保君には友だちがいなかった。彼は皆に「バカ」と呼ばれていて、相手にされなかった。私は家が近いのでよく遊んだ。私の伯父や父からは成績のことや「勉強しろ」と一言も言われたことはなく、気にしなかった。彼は私の提案にすぐ賛成してくれる仲間だった。

ある時大井川の支流の土手を二人で歩いていたら、道の真ん中にタケノコが五センチほど頭を出していた。「竹の子を掘ろう」と提案し、家に帰って鍬などを持ってきて作業を開始。すぐに掘出せると思ったが大変な仕事になった。根元に達するまで約三〇センチも固い道路を掘り下げて、ようやく掘り出すことができた。

もうひとつ覚えているのは、大きなウナギを二人で手捕りしたこと。村は大井川から水を引いて稲を育てていた。そして秋の収穫期には川を止め、灌漑用の一メートルほどの小川は干上がる。その小川の所々に水たまりがあり、小魚が集まっている。ある時その中に大きなウナギがうねうねとのたくりまわっているのを発見した。家からバケツを持ってきて、二人で協力して手づかみで捕ろうとした。ウナギのぬらぬらした皮は捕まえたと思うとするりと逃げてしまう。それでも小さな水たまりなのですぐに追いつき悪戦苦闘の末、捕まえた。後はどうするか。幸い隣は魚屋なので、おじさんに頼んでさばいてもらい、切り分けたのを二等分して持ち帰り料理してもらった。こういうふうに二人は仲良く行動したが、私の足の病気で歩けなくなり、おまけに入院して共同作業は終了した。

　二人とも成人して、私が東京から静岡に戻った時、私の次女と彼の家の子どもが遊び仲間になった。ある時大井川線の電車の中で彼と出会い「君の家にいる男の子は君の子ども？」と尋ねたら「いや違う。弟が離婚して子どもを手放した。養い親の家が大金持ちで子どもの欲しがるものは何でも買ってやる。その話を聞いて、それでは子どもをダメにしちゃうというわけでうちに引き取ったとのこと。その金持ちは子どもの心を知らない」と。この最後の「子どもの心を知らない」は忘れられない。彼はバカではない。バカ呼ばわりした方が馬鹿だと思った。

　のちに妻から聞いた話。次女と彼の子が二人で遊んでいるのを見かけ、次女は紫外線に弱い病なので「日光《ひなた》で遊んではダメ」としかったら、その子が次女の前に立ちはだかり「いじめちゃダメ！」と叫んだ話を思い出した。彼は立派に育っている。

　この大久保君を小さい時に知ったことは私が教師になって、どんなに参考になったことか。勉強のできない子と評価されてしまう子どもにある良いところを教えてくれた。点数が取れる点取り虫を養成することが真の教育ではない。助け合いを教え、個々の良さを認めて本人に自覚させ自信を持たせたいと思った。その頃はまだ読書のすばらしさを知らなかった。彼と一緒に学ぶことができなかったのは残念。

四。四年生で突然級長に。運が向いてきた

渡辺先生に救われた

四年生になって担任が変わりホッとした。なんと新しく担任になった渡辺先生が、突然私を級長に抜擢したのである。級長の主な仕事は、授業の開始と終了の時の「起立、礼」の号令係だった。三年生の時は佳良賞（優等賞の次）の私を認めてくださったのは嬉しかった。当時は五〇名の大クラスだったから大きな声を出さなくてはならず、しかも自分の号令で同級生を動かすのは恥ずかしいけど名誉なことであった。このおかげで三年生の時、何時間も立たされたあの屈辱以来、教室内では小さくなっていた私は自信を取り戻した。後年、退職された渡辺先生に偶然お会いした時「どうして私を級長に選んでくださったのですか？」と直接伺ってみたが、年取った先生は笑ったままだった。私の想像では、反抗的な転校生に興味を持ち、それにいじめ対策として抜擢してくださったのだろう。

いじめといえば、現在の日本のいじめ対策はなっていない。根本的対策が取られていない。学力テストで全国的に生徒を競争させて悪い雰囲気をつくっている。競争でなく助け合いや教え合いを強調すべきで、全世界高校生テストで好成績を収めているフィンランドの教育は大変参考になる。生徒が教え合うことを勧め、教師の資格は大学院卒で実力があること。私が一番感心したのは教師の教える自由を保障し、日本のような教科書検定や教員評価で教師を縛ろうとしないこと。「こんなに自由でいいのか」と、ある校長が言ったという。そしてフィンランドで一番人気のあるのは教育学部だとはうらやましい。やる気のある優秀な生徒が教師を目指しているという。

さて、渡辺先生の話に戻ろう。当時の学校には体育館はなかったので、雨の日には「体育」の授業はだいたい自習になった。ところが渡辺先生は「読み聞かせ」をしてくださった。先生の透き通るような声の朗読は見事だった。誰が書いた童話か「お月様のように」という言葉が今でも耳の底に響いている。私は近所の友だちの塚本君の家で偶然見つけ、昼食を忘れて読み通した『西遊記』で、読書の楽しみを発見したのだとずっと思ってきたが、渡辺先生の朗読も読書に関心を持つきっかけになったに違いない。

先生にはユーモアがあった。当時は、ほかの先生は宿題を忘れたりすると、罰として「立て」「運動場を三周走ってこい」「放課後の掃除をしろ」とか、ぶん殴るとか罰を与えたが、渡辺先生は「豆腐の角に頭をぶつけて死んでしまえ」であった。それで終わり。

先生が家庭訪問の時「光治君は、グラフの線に色鉛筆を使って、工夫している」とほめていただいたこと。生徒のちょっとした工夫を見つけて伝えてくれた。

もう一つ覚えているのは、先生が黄疸《だん》で休まれた時のこと。クラスで話し合って、シジミが良く効くというので運動場を横切る小川でシジミを小さなバケツ一杯に集めて先生の家まで届けたことがある。先生はクラスの皆に慕われていた。私の三年生の時の不運が四年生で幸運に変わった。

失望から私を救い出し希望を持たせてくれた渡辺先生に今でも感謝している。

戦後畑仕事をしていた時、声をかけたら息子さんが実業界で成功し、本職の広告業務の他に福祉方面に手を広げてくれ、今住んでいる町の隣の島田市内に初めて私設の老人ホームを建設したと笑顔で話してくれた。その笑顔の良いこと、明るい先生だった。

好きな先生方

渡辺先生が出張の時、臨時に沢井先生という当時珍しい女性教師が国語を教えてくれた。そして「鈴木君、その文章を読んで」と指名され朗読したら「あなたは上手だね」と褒められた。大勢の前で認められたのはこれが初めて。それ以来、沢井先生には親しみを感じ、学校菜園の中で作文作成の時、先生に「『ねぎ』を漢字でどう書くのですか」と尋ね、ノートに大きく「葱」と書いてもらったことがある。これが小学校での唯一の先生への質問。この褒めることと質問歓迎こそ教師になって役立った。

ここで、なぜ良い先生・悪い先生と言わないのかと、自問自答した。それは五年生の担任の石川先生を思い出したからである。私の父は石川先生を悪いという。私が一カ月も入院した時一度も見舞いに来ない、という理由。石川先生は風変わりで、先生専用の戸棚で仕切った先生の一人部屋で、掃除の時先生が描いた油絵が何枚も立てかけてあったのを発見。放課後になると体操服に着替えて砲丸投げ・やり投げをしているスポーツマンでもあった。それを私たちは驚異の眼で見ていた。今思うと先生が絵や運動の面白さや失敗など話してくれたらもっと良かつたと思うが。国語の授業の時、新しい漢字が出てくると「これはよく使うから憶えておきなさい」とは言ったが、「テストに出るから」とは言わなかった。そしてテストもやさしかった。差をつけるテストでなく、理解したか、憶えているかが狙いだった。

今思うと、石川先生は一つの生き方のモデルとして、好きなことをしろよ、目と身体を鍛えろ、人生を楽しめ、と模範を示していたのだ。しかし、子どもには言葉による説明も大事だと思う。

石川先生の油絵の趣味は、小学生にも「図工」という教科があったから、その授業の中で先生の絵の苦心談や楽しさ、日本や西洋の名画も紹介してほしかった。

私の外国旅行はイギリスに二回。二週間ずつだった。往復は団体で現地では個別行動で参加した有意義な旅行だった。イギリスは公立の博物館や美術館は無料で誰でも入館でき、ロンドンのある美術館で小学生が何人も紙切れを持って絵の前を次々と駆け回っていた。その紙切れをのぞいてみたら、絵の名称、画家名など情報の書き込み欄がずらり。子どもたちは忙しく説明だけを見て、書き写し、絵を見ていなかった。これは教師の指導方針の問題で、何のために美術館にいるのか目標が違っている。いやな教師はどこの国にもいるものと知った。私なら、あの場合「気に入った絵を見つけなさい。どこが気に入ったか書きましょう」と絵の鑑賞を主にしたいと思った。その画家のことは、あとで本で調べればすむことである。

対照的なのが松本先生で、彼は実に熱心で中等学校（当時は選ばれた小学生だけの）へ進むエリート養成校への受験指導をしてくれた。放課後、上級学校希望者（私の村では男子でも約一割）でその数人を放課後残して受験用のぶ厚い練習本で勉強させた。私はこの受験指導は嫌いだったが、父は松本先生を良い先生だ、熱心だと褒めちぎった。私は足の手術のため脱落し、父は嘆いたが、私はその他大勢の同級生と高等科（現在の中学一、二年）でのんびりと過ごせたから、今でもよかったと思う。

五年生の時の先生は作文指導に熱心だった。最初の時間に厚紙を用意してきて表紙を作成、八〇年近くたっても作文は保存してある。先生のおかげで作文に慣れ、書くことが苦にならなくなっていて、後に師範での小論文作成に役立ち、大学を二つも通信教育で卒業できた。通信では一単位ごとに論文を書き、それが合格するとやっとその教科の受験資格ができた。

大声で助かったこと

四年生の号令係で大声を出すのに慣れて得したことが、その後何度もある。

英語教師が現地では個人行動の団体旅行にどうかと関西の大学教授から誘われ、二〇年前二度も英国旅行した。ある観光地で場所を尋ねたが観光客の多くが多く私の尋ねるところがわかる人がいない。困り果てた所、屋根からはしごで降りてきた青年が丁寧に教えてくださった。私の声は屋根の上まで届いていたとみえる。それにしても作業中わざわざ降りてきて教えてくださった英国人の親切さには感謝した。

次は流山市に移住してからのこと。一三年もたつのに新しい場所に行くのに、得意の問いかけをした話。ある時、若い娘さんに尋ねたらだめだった。さてどうしょうと思ったら後ろから来たおじさんに「私、そっちに行きます。一緒に行きましょう」と声をかけられ無事目的地に着いた。後ろの人にまで声が届いていたのです。また別の話。市内に大きな書店があることを知り、地図で調べたがその番地がない。駅名はわかったので、そこで尋ねれば良いと地図で一応は調べた方に行き、ゴミ集積場にゴミ出しに来た若者に「この辺に大きな書店があるそうですがご存知ですか」。その若者は「どこだっけなあ」とつぶやいていた。するとゴミ出しを終わったおじさんが声をかけてきた。「宮脇書店なら私の家のすぐそばです。歩くと二〇分はかかりますよ。車で来ましたから乗ってください。案内します」となり、車内で雑談している内についてしまった。あの若者との会話を聞いて助けてくれたのである。日本にも親切な人がいらっしゃいました。そして残念なのは、宮脇書店は利用者が減りついに廃業。今、日本全体でも書店は減る一方だという。市内には紀伊國屋書店という大書店があるので、時々出かける。主に特別養護老人ホームに入居中の、唯一の妹に送る本を買うため。

『西遊記』で本の面白さを知る

小学生の時、近所の同級生の家をよく訪れたものである。塚本君の家は大きな家で部屋がいくつもあり、屋敷にあがって部屋の境の廊下を通ったら書棚がありぎっしり並んでいてびっくり。我が家には宗教書が三冊、健康相談書一冊、そして隠してあった『母よ賢明なれ』という産児制限の本はあったが、子どもの本は一冊もない。それで本の背を上から順に眺めたら、ぶ厚い『西遊記』に目が留まった。西で遊んだことを記すとは面白そうだ。遊んでばかりいた私は興味を持ち読み始めた。その書棚の前に座り込み読み始めたら面白くなり、食いしん坊の私が昼食を食べに家に帰ることも忘れ夕方になって読了。家では両親が心配していた。これが読書の面白さを知った初体験。今思い返すと、塚本君の家族が私の読書に干渉せずそのまま見守ってくださったことに感謝しています。この件は近所で評判になったようで、後年近所の子どもを夏休みに大井川の天然プールに連れて行った時のお礼が本だった。

戦没者合同慰霊祭と荒見君の怒り

村では戦没者の合同慰霊祭があり、村長さんや村のお偉方が集まった。私は四年生のクラス代表として参列した。三年の時いじめられていた同級生を救った地域の寺の長男に呼ばれた時のこと。慰霊祭の一〇名ほどの戦死者の遺骨箱が、寺の丘の中腹の墓場の片隅に積んであった。彼は「こんなの嘘っぱちだ。骨箱の中に骨なんか入っていない、紙切れや石ころだ」と言って、箱を次々と崖からけり落とした。その行動に、あの慰霊祭にクラス代表で参加していた私はたまげた。その晩、私は熱が出て、翌日学校を休んだ。私たちが心を込めて戦死者の霊に感謝したのに、蹴とばしたとは。私はまさに気の病になった。今にして思えば、彼は寺の息子なので遺骨箱の中身を知ってしまっていた。私は慰霊祭という式の中で戦死者の霊を慰め、国を守ろうとしたことを感謝させられた。その公的な嘘に彼は怒ったのである。そして私に真実を教えてくれた。

私は敗戦の時まで国の伝えることを信じていた愚か者であった。彼はのちに僧侶になるはずだったが弟に譲り、警官になった。

五、足のケガで得したこと

入院一カ月は読書生活

小学五年生の時、自転車練習中に転倒し右足首を怪我した。消毒もせずほうっておいたら膿《う》んできて、村の医者に診てもらった。傷を切られ、たらたらと膿《うみ》が手術用小皿いっぱいに流れ落ち驚いた。それから右足首を数か所も切られたが治らない。そのうち、足が痛くなり歩けなくなった。右膝下まで化膿《かのう》が広がっていた。義母は小さな体なのに私を背負って静岡市まで連れて行ってくれ、背中の私は頼りになる母がいると感じた。親類で外科なら司馬さんだと紹介され、司馬さんは一目見て「これは骨髄炎です。悪い部分を取り去る手術をしましょう。明日いらっしゃい」と診断を下した。翌日、全身麻酔をかけられ目が覚めた時には手術は終わっていた。細菌が骨髄に達していて二〇センチほどさかのぼって右膝下まで侵食していた。そこの骨を削り取ってくれた。

義母と名医のおかげで、私は右足を切断せずに助かった。入院は一カ月間かかった。手術後のガーゼ交換は痛かった。何しろ二〇センチもある傷口で血はこわばりついているからたまらない。内臓を引っ張り出されるような感じの痛みで悲鳴を上げて泣いたら、若い医者に「男のくせに泣くな」と一喝された。それ以来沈黙して我慢した。その痛さが終わるとたっぷり時間があった。

さあ、食欲はあるし、暇でしょうがない。ところが、この時間を充実させることが始まった。その頃、伊東でお世話になった伯父が静岡市の久能小学校の校長として転勤してきていて、しかも司馬医院はその学校へ自転車で通う途中にあった。彼は毎朝通勤途中に司馬さんに寄ってくれ、一人娘のために揃えた小学生全集など次々と持って来てくれ、読み終えた本と交換してくれた。それで一カ月の入院生活は読書の日々となった。二〇巻ほどの全集はほとんど全部読んでしまった。他に若者向けの小説なども持ってきてくれ入院生活はガーゼ交換を除いて楽しい日々であった。毎日三冊ぐらい読んだので一〇〇冊近く読んだと推定できるが、書名は一冊しか覚えていない。『母を尋ねて三千里』は忘れられない。

のちに東京に住んでいた頃に父からは生母に会うように勧められたが、私は会わなかった。義母の献身的な行動に感謝していたからである。今思うと一度でも良いから会っておきたかった。長生きすると後悔することがいくつかある。

部落の上級生に助けられた

私の足が痛くて歩けなくなり、授業が終わっても帰れず教室の外の垣根に寄りかかっていた。ちょうど高等科（今の中学一、二年）の生徒がぞろぞろと前を通るが私の方を見向きもしない。しばらくして見知らぬ上級生が私に声をかけた。「どうかしたの？」と。そこで右足が膿んでいて遂に歩けなくなってしまったと告げると、「よし。君の家は知ってるよ。おぶってあげるよ。」と言ってかばんを手に持ち替え、五年生の私を背負って家まで連れて帰ってくれた。父は商売上、人を差別することなく「良心的に」を口癖にしていたので、この上級生が部落民と知っても感謝の言葉は忘れなかった。私はこのことで、村で差別されている人たちの親切さを知った。

何年かたって私が中学の英語教師になった頃、その地域の親が高校生の息子を連れて我が家に来た。英語ができないので学校で落第してしまったと言う。確かにその生徒は力がなかった。ふだん英語の勉強なんかしたことがないという始末。私はその高校の対処に腹が立った。生徒を放課後に残してでも実力をつけるのが教師の仕事ではないかと。それでこの子に週一回日曜に時間をとって、英語を教えることにした。まず、勉強の方法を暗記中心の復習重点主義から、予習中心の辞書を引き、単語や熟語の意味を調べる方法を教えた。予習中心だと不明なところがいっぱい出てくる。それを辞書で解明すると「わかった」という喜びを感じる。さらにわからなければ友だちや先生に質問すれば良い。この方法で生徒の力はどんどんつき、驚いたことに大学を目指し合格し継続して教えてもらいたいと言ってきた。私が大学の英語テキストを尋ねたら英国の批評家の名著だった。良い翻訳も出ている。大事なのは原書を先に読み、翻訳をあとにすること。そしてどうしてその訳になったのかを考え、先生にも友だちにも質問することと教えた。もうあなたは大学生、辞書を使い訳書と先生と友だちの力を利用して自分で学びましょうと独立させた。

書いて得したこと

私は小学校五年生の時、作文の力を知った。先生は国語の時間に厚紙を持って来て、これから書き続ける作文を保存する表紙をつくらせた。その表紙に私は百合の花を一本描き、その下に「僕の綴方」と書いた。昭和一六（一九四一）年とあり、今から八〇年前の作文集が数回の転居にもかかわらず保存してある。

ある昼休み、教室の近くでけんかを始めた。あわや口喧嘩から殴り合いになろうという時、教室の扉がぱっと開いて「ケンカはいかん」と田塩先生がどなった。そして「鈴木君か。ケンカはいかんよ。やめなさい」と、突然声の調子が低下。おや、この先生なら当時の習慣で二つか三ついきなりぶん殴られたのに、と意外に思い、なぜ昼休みに先生が教室にいるのか、と思って何気なく黒板を見たら、なんと黒板いっぱいに私の作品「只今の気持ち」が白墨で書いてあるではないか。私は作文のおかげで殴られなかった。

『僕の綴方』「只今の気持ち」（昭和一六年一〇月一二日作）

かちかちと時計の音が聞かれる秋の夕暮、あっちこっちの草むらに、ころころころと虫が鳴き出した。

涼しい風が店先から吹き込んでくる。

店の前を通る人々の足音、話し声が騒がしく店の前を通りすぎる。時々「がたん、がたん」と馬が車を引いて通る。涼しい、風にあたりながら外に出た。空には星が数えるほどしか出ていない。他のところは真っ黒だ。手に取れそうだ。月も出ていないがやっぱり空を眺めながら涼しい風にあたられると特別な良い気持ちが得られる。暗い外にも家々の電灯の光がもれて外を明るくする。

しばらくしてからまた外に出た。さっきとはまるで違って空にいっぱい星が照っている。所々に雲があると見えて星の出ていないところがあった。月はおしいことにまだ見かけない。北斗七星は出てきていないだろうか、出ていないようだ。たくさん出ているのでわかりにくい。

秋風がほほを通り過ぎる。

今夜はなんという良い気持ちだろう。

六、エリート集団から外れ、良かった

叔母（教育ママ）の目から外れた

八七という数字は忘れられない。小学校五年生の時の欠席日数である。担任の先生が私を進級させるかどうか迷い、校長に相談に行った。校長は私のそれまでの成績を見て「この子なら進級させて大丈夫」と言ってくださった。おかげで六年生になれた。

私が進級を喜んだのは、隣に住む父の妹の叔母の目から外れられることが理由。叔母は鈴木家の伝統、女性の活発さの見本で父兄会でも一目置かれて、戦前なのにその役員になっていた。その叔母は私の妹が優秀なのが気になって、学年末の通信簿手渡しの日には家の前に立っていて、妹の通信簿を家族より先に強制的に見る習慣があった。私がその場にいたら叔母さんに抵抗しただろうに。妹はそういうこともあって、叔母が嫌いだった。ところが足の病気で脱落した私は無視され、良かった。しかし、もし落第したら彼女の長男と同じクラスになり、妹なみに比較されてしまっただろう。だけど私は通信簿を見せろと言われても反抗したに違いない。「叔母さん、どうして他人の子のを見たがるの?」などと言って。何しろ父や教師にさえ、気にくわない時には反抗したのだから。

足の手術後、覚えていることが、ほとんどない。五年生の時から書き始めた『僕の綴方』が残っていたので、その頃のことを思い出した。書いて残しておくものである。

病院通いの楽しさ

その頃私は隣の叔父が借りてきてくれた松葉づえで、一人で歩けるようになった。

『僕の綴方』（昭和一六年四月作、一一歳）

足の病気で静岡の司馬医院で手術した。経過も良く、だんだん歩くような元気が出た。それからは、五和から静岡まで毎日通っている。五和から金谷までは、父が自転車に乗せてってくれる。今日も学校はお暇をいただき、金谷駅に来てホームに出た。今時計は二時四十分だ。昨日より少し早い。けれども、もうトンネルの中にかすかな光が動いてくる。二分もたつと「ごおう」と凄まじい音をたて駅にすべり込んで来た。ごみが四方八方へ散乱する。静岡行は一番前が何時もすいている。今日も席がらくらくとれた。僕は海の見える右方へ席を取った。「ウーウー！」とサイレンがなる。すると汽笛が「ポー」となって、走りだした。うららかな春の太陽が汽車を照らしている。窓外は、うすい霞がかかっている。大井川の鉄橋を渡って島田に着いた。材木がたくさん、山のようにつまれていた。

島田でも人が大勢乗り降りした。藤枝をもすぎ焼津もすぎてトンネルに入った。これが過ぎると、またトンネルに入る。其の間に海がすぐ前に見えるのである。波が太陽に照らされて金色に光る。はるか遠くの南海岸に、波が押寄せたり返したりして一つの線に見える。トンネルに入った。二分三分位で外に出た。桃の花が一面に咲いてきれいだ。左右に麦畠が長く続いている。農家、工場などうすい霞がかかっている。安倍川の鉄橋もわたってようやく汽車は静岡に着いた。

この作文を読み、私は今まで小学校では遊んでばかりいて勉強しなかったと思っていたが漢字の練習はちゃんとしていたことがわかった。書くことが好きで、必要に迫られて漢字を練習していたんだ。子どもの勉強でも日記とかエッセイとか書かせることで勉強になる証拠だ。

また、この拙文で蒸気機関車での片道小一時間の旅を楽しんでいたことがわかる。いつも村では山に囲まれていたが汽車で海が見える喜び、漁村伊東では毎日家から海を眺めていたから、その懐かしさもあったろうし、車窓から茶の芽、麦畠、桃の花まで眺めている。私の散歩好きは、この病院通いの自然の美しさの発見から発展したものだろう。

散歩で楽しさと体力を

私は骨髄炎で足を手術したが、後年教師になってから同じ病気で手術した友人が二、三人いた。どうもあの頃、流行していたみたい。彼らはみな車を乗り回していて、私に自動車の免許を取るといいよ、と言ってくれた。私は手術した右足首の動きが不十分だから無理だと答えたら、そのうちの一人は自動車を改良して動きの良い一本足でブレーキも走るのも両方できるよう車の方を改良したと言う。彼らの好意には感謝したが、私は別の考えを持っていた。脚を適当に使うことで、脚力をつけるという目標である。

本立てと本棚をつくる

足の手術の関係で、旧制中学に行かなかったので、小学校高等科（今の中学一、二年）に進級した。高等科の時『ロビンソン漂流記』をいただき私有する最初の本となった。父も私の本好きに遅まきながら気づき、町に一緒に行った時、書店に寄り「欲しい本を一冊買ってあげる」と言ってくれた。さあ、何にするか考えて選んだのは『名将言行録』。昔の武術で活躍した名人を紹介する本だった。どうしてその本を選んだのか、と今考えると、ケンカ小僧は昔の武士の勇ましさにあこがれていたのだ。

さて、小づかいを蓄えては本を少しずつ買い揃えた。増えてきたので本立てをつくることにした。いくつかつくってから引き出しと扉付きという三段組の大きな本棚もつくった。義母の父は大工で我が家の小屋づくりに来た時、引き出しの取手をどうしたらよいか困っていると相談したら、小さな木の枝の分かれ目で、二、三本枝が出ているところを切って利用したら、と教えてくれた。

材料は身近にあったし、大工さんの工夫には感心した。次に、扉に日本紙を貼ったものの、そのままでは寂しい。絵を描こうと思ったがなかなか思いつかない。そこで探した。そして意外な発見をした。二刀流の剣客宮本武蔵がなんと絵を描いていて、その水墨画が実にうまいのである。しかも墨絵なので色をつける必要がない。そこで模写した。残念なのは、この本棚は大きいので何度かの引っ越しの際、譲ってきてしまった。

画家を探したことで剣の名人が墨絵もうまかったのを知ったのは良かった。武蔵も晩年になると暴力から美の世界へと転向していたのである。

七、高等科でケンカ卒業、だが国は暴力病

ケンカ相手の病死のショック

足の手術で入院し、旧制中学に行かなかったので、小学校高等科（今の中学一、二年）に進級した。エリートコースから外れ、放課後に受験勉強をすることもなく、のんびりと本が読めた。高等科には、山奥の二つの分校からの同級生が加わり大勢になった。

ある日の昼休みに、山奥の分校から来た杉本君がブランコに乗っていた。私も乗りたくなったので「代わってくれよ」と頼んだのに、無視して彼は降りようとしない。ケンカ小僧だった私は腹が立ち彼を殴ったら彼もやり返してきてたちまちケンカになった。ケンカなれしている私は勝って複雑な気分でブランコに乗った。彼は私がケンカ小僧だとは知らなかったのだろう。その事件から何カ月かたって、杉本君が死んだという知らせが届いた。私はドキッとした。ケンカのせいではないかと。しかし当時流行していた日本脳炎のせいだと知ってホッとした。しかし、皮肉なことに、私がクラス代表として担任と彼の葬式に参加することになってしまった。担任の立石先生の自転車の荷台に乗せられデコボコ道を登って行った。当時は主な道路でさえ舗装されておらず、ゴトンゴトンと音を立てて山道を行く。その遠いこと、「こんなに遠くから杉本君は学校に通っていたのか。大変だったな」などと思いながら。到着したら彼の母が「こんなに遠くまで来てくださって、有り難うございます。さあ、仏さんの顔を見ておくれ」と座敷に案内され、彼の顔の上の白い布をぱっと取った。生前のへの字に歪んだ口が正常に戻り、まるで眠っているようだった。穏やかな顔を見て、来てよかったと思った。

式の最中と帰りの自転車の荷台上で私は考え続けた。なぜブランコを譲らないという幼稚な理由でケンカをしてしまったのか、こんなに遠くから登校してきていることも知らず。そして彼に誓った。「暴力をふるって恥ずかしい。もうケンカは止めるよ」と約束した。

幼友だちを守れなかった後悔

ある日数人の生徒が私の幼友だちの大久保君を囲んで、こう言った。「大君、このセンダンの実、うまいぞ、食べてみろ」。小学校の校庭の隅に、幹が大人で二抱えもある大木のセンダンが二本そびえていた。夏には葉が生い茂って大きな影をつくり、秋には黄色い二センチほどの実をいっぱいつけ、上ではヒヨドリが群がって食べ、下にもいっぱい落ちていた。確かにヒヨドリが食べているから毒ではない。けれど、それを人に食べさせるとは。取り囲んだ連中の顔には怪しげな表情が感じられた。

大久保君は食べてしまったのである。囲んでいた人でなし連中はワアーと歓声を上げた。彼らのいじめ遊びが成功したのである。私は大久保君を守れなかった自分を責めた。なぜあの連中に向かって言わなかったのか。「この実は本当にうまいのか。だれか君らの中で食べた人はいるか。そんなにうまいのなら、まず君らが先に食べたらどうか」などと。私は暴力ではなく発言で大久保君を助けられたのに。私は卑怯だった。

戦争中は国内も暴力時代

教師には何かというと殴られた。忘れられない記憶がある。高等科から師範学校予科に入学した。授業料はなく、小遣いまで出る寄宿舎生活だった。ある夜整列して教師の話を一列に並んで聞いていた時、一匹の蚊が私の足に止まったので、ピシャッと叩いた。すると「動くな」という声と共に私は殴られてしまった。

こんなこともあった。学徒動員の一九四五年二月七日の私の日記（『学生、戦争下の強制労働』本の泉社、二〇一五年）によると、隣の部屋に呼び出された。十人程の真ん前に立たされ部屋のボスにののしられた。「おまえは生意気だ。新聞なんぞ読みやがって！」と怒鳴られ、おまけに頬をぶんなぐられた。新聞は親切な工員さんが、活字に飢えていた私に、弁当を包んできた新聞を捨てないで私にくれたもので、私は喜んで読んでいた。

六月二一日の日記によると、真夜中に空襲だと起こされ、寝巻の上に毛布を一枚かぶり工場の宿舎から出て避難した。アメリカのB29爆撃機の不気味な爆音が近づき、そのまま私たちの頭上を通り過ぎ「助かった」と思った。すると西の空が黄色く明るくなり、やがて真っ赤になり黒い靄《もや》が広がり、今まで美しく見えていた星が消えた。

何日か後、私は総務課に呼び出された。初めての経験で友だちに付き添ってもらい、こわごわ出向いた。驚いたことに背広を着た紳士が差し出したのは、もう家に着いた頃だと思った私の葉書だった。あの豊橋の空襲の際に私は無事だと知らせたのである。こうして丁寧に見てみると大きな下手な字で文章も不十分だな、などと眺めた。だが、どうして葉書がここにあるのか、私はもうびっくりして下を向いて黙っていた。すると紳士は言った。「わかってくれたね。ご両親に心配をかけるのは親不孝になってしまうからね。どこが爆撃されたとか、やられたと書くとご両親が心配するでしょ。これからも注意しなさい」これが最初の検閲された体験で、帰りにその葉書を細かく破いて捨ててしまった。豊橋は私の動員場所の浜名湖畔とは、私の生家からちょうど西方で、私は無事だと知らせたかっただけなのに。親孝行は検閲に負けた。

約八カ月の強制労働中、たった一回授業があった。「教練」の教師の大尉殿が来て「死ね」の授業だった。敵が上陸してきたら爆薬を持って敵の戦車の下に投げ入れろ、と言う。軍人は一九三九年のノモンハン事件でソ連軍の戦車に日本軍が突撃し、約二万人の死傷者を出し大敗したことから学んでいなかった。

八、敗戦で「死ね」から「生きろ」へ大転換

一つの詩の衝撃

敗戦は人生を死から生へと逆転させた。戦後九カ月ぶりの国語の授業に黒板いっぱいに書かれた与謝野晶子の詩「君死にたまうことなかれ」の前三連は私に衝撃を与えた。後で知ったのだが、これは全部で五連四〇行の長詩で、黒板に書いてなかった副題が「旅順口包囲軍の中にある弟を嘆きて」とある。旅順口は中国の東北部に突き出た遼東半島の南端にある軍港都市で日露戦争の激戦地でもあった。

戦時中「天皇のため、国のために死ね」と叩き込まれ小学校に入学し、最初に学んだのは「ススメススメヘイタイススメ」だった。そして軍国少年として教育された私たちは米軍が上陸してきたら、沖縄の鉄血勤王師範隊のように玉砕するまで戦う決意はできていた。しかし、実物の爆弾はどこにもなかった。

戦争中、司馬遼太郎は本土の戦車隊員で米軍の上陸作戦に備えていた。ある時、戦車隊の集会で隊長に質問した。「米軍が上陸して来た時、日本の民衆が道路に一杯に広がって逃げるだろう。その時我々戦車隊はどうしたらいいですか。」隊長「かまわず、ひいていけ」。ところが晶子の詩は「死ぬな」である。晶子の家は老舗の菓子商で十二歳頃から家事と店頭での事務を担当し、父は商人だが読書家で蔵にはどっさり蔵書があった。第二連では旅順の城の落城など関係ないと大胆に言い切っている。戦争の最中に率直な本音を述べ、戦争気分の人たちからは非難されたが、今思うと、この本音は侵略戦争の本質を突いていた。しかも第三連には「すめらみこと（天皇）は戦いに、いでまさね、かたみに人の血を流し」とある。天皇ご自身は戦争に行かない、と大胆な指摘。そうだ、「死ね」と命令する人自身は安全な場所にいて、庶民に「死ね」と命令しているのだ。しかもその命令を子どもに伝えているのが教師と知った。元軍国少年は『生きろ』という新鮮な言葉に圧倒され、教師になる恐ろしさを感じた。

おやじの長所と短所と尊敬すべき義母の良さ

職業を変えるため旧制大学（三年制）に入学しようと珍しく勉強し出した。旧制大学入試の受験科目は少なく、英語・第二外国語・小論文だった。英語と論文は得意だったが、師範学校では第二外国語を教えていなかったので、ドイツ語の工夫された三冊本の優れた参考書を見つけて猛勉強した。三年後、父母の前で受験したいと申し出た。父から即座に三年間東京で勉強させる金銭的余裕はないと断られた。私は必死に戦前の教師が生徒を国のために犠牲にしたこと、そこから抜け出そうと三年間新しい道をめざして勉強してきたなど、切々と訴えたが父親には通じなかった。その時、義母が涙ぐみ、母を悲しませたと感じて、それ以上主張できなかった。それで一九歳の失望青年は村の中学校の教師となった。

父の欠点は、いつも騒音の中で作業をしているせいか、音楽に関心がなくラジオで交響曲を放送し始めると、「うるさい」と切ってしまうのだった。父のもう一つの弱点は、義母の良さを認めていないこと。小学校卒の義母は新聞も本も読まないが、私は義母を尊敬している。私が足の病気で歩けなくなった時、五年生の私を背負って汽車で静岡市の病院まで運んでくださった。ふだんは父のお茶の再製の仕事を手伝い、汗をたらたら流しながら茶葉の香りを出す火あぶりの作業姿を見て、私ができる手伝いをした。水道がないので風呂の水をバケツで運んだり、食後の食器洗いなどをした。しかも、結婚前に料理屋で手伝いをしていたので、母の料理はプロなみだった。すしづくりのため、特別のすし桶まであった。美味しい料理を毎日食べることができた。苦情一つも言わず、やるべきことを実行する義母の働きには頭が下がった。義母の生き方から、平凡だけど真面目に働いている人々やそれを支えている女性をもっと評価すべきだということを学んだ。

父は次男に生まれたばかりに苦労した。当時はすべての財産を長男が相続した。鈴木家は山と畑を少々、家屋も離れに別棟もあったが他人に貸してあった。それらすべてが長男の物。しかし、父には幸運な点もあった。姉の夫が町にお茶の再製工場を持ち、そこに小学校卒業で弟子入りし、お茶の再製技術を習得できたからだ。しかし、工場主が早死にし、その工場は閉鎖して失業。そこへとなり町の茶工場から婿の話があり結婚。彼は弟子として獲得した技術と持ち前の熱心さでおおいに働く。ところがある日、従業員が「今度の婿さん、前の人より良く働くね」を小耳にはさみ、彼は後釜だったのか、妻は初婚ではなかったのか、だまされたんだ、と怒りを感じた。子ども二人を生んだ妻が突然若死にした機会に憧れの独立をめざして、工場など全財産を捨て、二人の子どもを他人に預け、家出。横須賀・横浜・東京で働き、東京の木場に茶葉を売る店を出した。持ち前の鋭い嗅覚と舌で味を確かめる仕入れのよさと、口癖の「良心的」商法で大いに繁盛。同時に宗教にも凝り、持ち前の話好きと熱心さが認められ結婚した。その長男が私、妹、弟の子ども、彼の絶頂期を迎えた。しかし昭和恐慌が一九三〇年から三二年にわたって日本を襲い、父の仕事が成り立たなくなり、故郷の静岡県金谷町（大井川西岸、牧之原茶園の北）に戻る。しかし仕事がない。おまけに、暴れ馬さえ従ったという女傑の血を引く姑と、江戸っ子の嫁とがうまくゆかず父母が離婚。生母の実家は金持ちで離婚後も何度か生活費を東京から送って来たが、父はその都度返却したという。これは父の良いところ。父は仕事を求めて台湾へ。一家離散。妹は町の伯母の家へ、弟は金谷の北の農家に養子、私は漁村伊東の伯父の所へ。伯父は伊東小学校の教頭で、借家が山の中腹の別荘地帯にあり、すばらしい海の景色を毎日見た。しかし町の中心にある小学校まで、歩いて片道約一時間かかり、大変だったが私に体力をつけた。小学校一、二年と伊東で過ごし三年生になって金谷町に戻った。駅に父が自転車で迎えに来てくれ、北の村まで約二〇分でたどり着いた。そこには義母とかわいい妹がいて四人で一家成立。義母を見た時、生母でないことがひと目でわかった。

父は日蓮宗の熱心な信者で、毎朝必ず読経し、次女など日記に「おじいちゃんはほとけいさんとくらしています」と書いた。私が小さかった時、強制的に仏壇の前に座らせようとしたが、私は徹底的に抵抗し、父はそれ以来あきらめ、二度と強制しなかった。

父の良いところは「勉強しろ」と言ったことはないことだ。熱心なのは書初め展に出品する時くらいで、正月の宿題として一・五メートルほどの細長い紙に書いたのを教室に飾り、賞までつける行事があった。父はそれに私よりも熱心で習字用の太い筆は借りてくるし、何度も家で書かされた。同級生にお手本通りに書く器用な生徒がいて、彼はいつも金賞をとった。私は何度書いても個性的でいつも銀賞だった。あの行事を面白くするには、各自が選んだ言葉を書く「名言賞」とか、手本の真似ではない「力作賞」とかつくればよいのに、と真似下手な私は思う。

父の長所をもう一つ思い出した。話好きなのである。汽車で前の席の見知らぬ人たちを相手に次々と話し始め、楽しんでいた。そういえば、我が家の工場の入り口には数人は入れる土間があった。椅子を数脚備え、商品のお茶の話や、お茶を試飲しながら雑談した。村一番の日々の小さな社交場なっていた。近くの農家のおじさんなど毎日出勤し、お茶を飲んで話し合って楽しんでいた。彼は父の親友で、機械に詳しい大変器用な方だった。そこで父は彼の力を借りて、ほうじ茶をつくる自家製ほうじ茶製造機を創作した。幅四〇センチ長さ二メートルほどの鉄製の円筒の中で番茶を回転させ、下から加熱した。火力やほうじる時間の調整など試行錯誤の繰り返しを、見ているだけだったが、子ども心にも何かを創作することの大変さを知った。そして心地良い香りを放つほうじ茶づくりが完成した。

父の弱点を思い出した。義母の良さを認めていなかったこと。「気がきかん」と、いつもこぼしていた。私は庶民の良さを義母から学んだ。母は愚痴ひとつこぼさず、父の仕事を手伝い、私の右足が化膿《のう》し歩けなくなった時、小学校五年生の私を背負って静岡市の病院まで運んでくださった。当時県内最高の外科医司馬さんの手術がなかったら、私の右足は膝下から切断されていたかもしれない。母の助けは一生忘れられない。

私は書物を通じて、尊敬できる人物を大勢知った。その人たちは知的発見をし、困っている人を助け、中には自分の弱点を克服して生きた人たちだった。

暴力社会から平和な安心できる社会を目指した偉人もいる。しかし、私個人の人生を考える時、義母は日々の一家の生活を支え、孫たちの世話もしてくれた。庶民の良さがあり私は決して忘れない。身近で尊敬する人の一番は義母である。だから家庭や社会を支えている主婦や介護職の人への世間の低評価が情けない。

　父が義母の良さに気づかなかったのは、彼の前の嫁さんたちと比較していたからだと想像する。最初の嫁さんは隣の市の大きな茶商の娘さんで、父親は後に市長に選ばれたほどの有名な人だった。次の嫁さんが私の生母。江戸っ子で実家は金持ちで離婚後も何度か我が家へ生活費を送ってくれたという。その前の二人と比べ義母は大工さんの娘さんで、学歴は小学校卒である。当時ですら地域のエリートの娘さんたちは小学校卒に加えて高等女学校に進学したものである。それに私の生母は生粋の江戸っ子で、国語辞典によると「金銭には淡白で威勢がいいなどの含みで用いている」（『広辞苑』第七版、二〇一八年、岩波書店）とある。しかし引用文に「生粋の江戸っ子は深川と本所に多く」とあり、私は深川生まれで、母の江戸っ子気質を受け継いでいるのかもしれない。

お世話になった母を一度だけ泣かせてしまったことがある。戦争が終わり当時教師養成校（師範学校）の学生だった私は、戦前の天皇や国のために死ね、の教育の恐ろしさを、与謝野晶子の詩「君死にたもうことなかれ」を国語の先生が黒板に最初の三連を黒板一ぱいに書いて教えてくれた。「死ぬより生きろ」はその通りだと思った。そして第三連の国民に命令を下すお偉方は安全な所から命令しているという指摘をなるほどと感じた。それから抜け出すため、教師という恐ろしい職業から抜け出すために、三年制の旧制大学に入学しようと珍しく勉強を始めた。旧制大学の受験科目は少なく、論文・英語・第二外国語だった。師範では第二外国語を教えてはいず、歌曲が好きだったのでドイツ語の大変すぐれた三冊本の自習書を見つけ勉強した。三年後父母の前で受験したいと申し出た。父から即座に三年間東京で勉強させる金銭的余裕はないと断られた。私は必死で戦前の生徒を国のために犠牲にしたこと、そこから抜け出そうと三年間新しい道を目指して勉強してきたことなど、切々と訴えたが父親には通じなかった。その時、母が涙ぐみ、はっと母を悲しませたと気づき、それ以上主張できなかった。

私の母への親孝行は不十分だったが、娘二人が祖母になついてくれ、嬉しかった。次女の誕生の時、妻の負担を減らすために長女を静岡の両親に預けた。最初の二、三日は泣いたようだが慣れてしまい、母は娘を浜松からあちこちの親戚に連れて行き見せびらかした。長女はすっかり祖母が好きになってしまった。次女の誕生後に妻が大変で母を東京に呼んで手助けしてもらい、帰る時に長女はついて静岡へ行ってしまった。

両親も年をとり、私は東京で大学を卒業し高校教師の資格を取ったので静岡にUターンした。今度は次女も祖父母に可愛がられ、私が果たせなかった親孝行を娘たちがしてくれた。その上、妻が父の商売を手伝い、お茶の注文が北海道や東京からも来るので、その電話での応接を父にも感謝された。

母は日々の生活を支え、孫たちの世話を喜んでしてくれた。次女をおぶって道を歩いていた母の姿は、私の心の写真である。そして嬉しそうに母の後について静岡へ出かけた長女の姿も。母の庶民的な良さを私は決して忘れない。尊敬する人の一番は母である。

しかし母には弱点が二つあった。一つはやせ我慢。無理をして自分の体調の変化を気づいているのに誰にも話さず、どうしょうもなくなって医者に診てもらったら、もうすい臓がんの末期でした。六六歳の若さで死亡してしまった。そして私は後悔しているのだが、母の生前に直接にお礼を言ったことも書いたこともなかった。

二つ目は母が政治への無関心で、当時はテレビが無かったがラジオでニュースを聞くこともなく、新聞も読まなかった。だから選挙には出かけたが、いつも現政府支持のようだった。話しかけても政治に関してはいつも避けていた。私は敗戦の時以来、政治の重要性を痛感していた。日本の軍隊は一九四一年、ハワイで米軍の海軍基地を襲い先制攻撃は一時的に成功したが、国力が当時日本の三百倍もあった米国を敵にしてしまった。

太平洋戦争による死傷者数は、軍人で死亡一五六万人、負傷・行方不明者数三一万人、一般国民は死亡三〇万人（家永三郎・黒羽清隆著『新講日本史』三省堂）

米軍の空襲による被災人口は約九六四万人、死者約五一万人（『角川日本史辞典』）と被害者を出した。

一九四五年の東京大空襲「緑町の死者一七六名中、男子は九名で兵隊にとられ徴用で強制的に働かされていた。年齢別だと九歳以下の子どもが一九％、一〇代から一九歳までの女性が二〇％、六〇歳以上の年寄りが一四％を占めていた。しかも東京のように「二時間余という短時間に一〇万人もが死んだという記録は世界にはない。人類史上空前の無差別大量殺人都市は東京だったのである」（早乙女勝元著『図説東京大空襲』河出書房新社、二〇〇三年）

私は小学校三年になって当時漁村だった伊東から静岡県のほぼ中央大井川の西岸にある五和村《ごかむら》に戻った。東海道線の金谷駅へ父が自転車で迎えに来てくれた。自転車の荷台に乗って一五分ほど揺られ村に着いた。そこに義母（ひと目で生母でないとわかった）と、かわいい妹がいて一家成立。義母は黙々と毎日食事の支度をし、その料理は料理屋に勤めていただけあってプロ並みで美味しかった。寿司も専用の桶まで用意して自宅でつくった。今思うと母の手伝いをして料理法を身につけておくべきだったと思う。隣が村でそのころにはまだ一軒だけの魚屋さんで、おじさんは仕入れに汽車を使って朝早くから当時日本一だった焼津港まで仕入れに行ってきて、新鮮なマグロの刺身をつくってくれた。今でも私は魚料理が大好きだけど最近刺身を食べたことがない。流山市には大きなマーケットはあるが、昔のような魚専門店はない。そこで私は略歴を話す時、東京生まれの次に「静岡県の村育ち」をつけ加えたい。

父は農家から買った荒茶を再生し香りと味を高め、母はその仕事を手伝い夏の暑い時など汗をたらたら流して働いていた。その姿を見て、当時村には水道はなく、小学生の私はふろ水を井戸からくみ、バケツで運んだ。この何十回という水運びはケンカ小僧の私の腕力をつけた。

転校した直後、クラスで同級生をいじめていた子に、「嫌がっているじゃないか、止めろよ」と私が言ったら彼は「こいつは何もしゃべらないから、何か言えよ言っているだけさ。転校生のくせに口を出すな」と言い殴りかかってきた。私は応戦し、私の一発が彼の鼻にあたり血がたらたらと流れクラスは大騒ぎとなった。その時、休み時間が終わり担任の加藤先生が教室に入ってきて、「鈴木、廊下に立ってろ」と発令。私だけが廊下にたたされた。すると休み時間になって、隣の組の連中が話し合っていると、「あいつ、今度来た転校生だぞ」「あのクラスのボスとケンカしてやっつけ廊下にたたされたのさ」

そうか、いじめっ子の奴はボスで、だから同級生はいじめを止めることができなかったのか。しかしこのケンカは思いがけない成果があった。救った子の地域の同級生から、よくぞいじめっ子をやっつけてくれたと私への遊びの誘いが次々と来た。

その地域は大井川に接していたので、大井川の水流でできた天然の大プールがあった。当時は日本全体にプールは少なく、珍しかった。

優秀な師範学校の同級生の影響

私がクラシック音楽に興味を覚えたのは友だちの影響だった。敗戦のおかげで、師範学校に尊敬できる教師や学生がやってきて、学ぶ楽しさから面白さも教えてくださった。ここでは優れた友だちに感謝を込めて友だちの重要性を書き残しておこう。戦争中のエリートたち、旧制の五年制中学校の秀才たちが、陸軍士官学校や海軍兵学校などから進路を変えて何人か師範学校に入学してきた。彼らは育った背景も違っていた。音楽好きな同級生もいて、彼の話の中にベートーベンやモーツァルトの名が出て私は驚いた。彼の父親は浜松市内の弁護士だった。本好きの私が影響を受けたのはK君で、警察署長の長男、文学通だった。彼のおかげで米国の最高の詩人ホイットマンの詩集『草の葉』を知った。この詩人はリンカーンを詩にした中で南北戦争（一八六一年から四年間の国内戦争）のことを書いた。彼の弟が負傷したため病院でボランティアとして働き、詩の中で、戦争の悲劇は死者だけでなく、生き残った者も心的外傷後ストレス障害に悩まされ、死者の家族や友人を悲しませると書いた。彼の葬式に参列した人は三〇〇〇人。それで『草の葉』を買って読んだ。その本は紙が茶色になってきたが本棚に大事に保存されている。訳者は有名な有島武郎、発行は一九四六年、定価は一〇円。

授業中に回状がひそかに回ってくる。すべて英文で私には読めなかった。戦争中、英語は敵の言葉として普通の学校では教えなかった。この読めなかった悔しさが当時珍しく英語の勉強には熱心になった原因だろう。この英文回状の書き手は卒業後旧制大学でさらに学び、信州大学の教授に。米国では逆に、戦争中、日本語の専門家まで養成した。日本人で最初にノーベル文学賞を一九六八年に受賞した川端康成は受賞の際、彼の作品を英語に翻訳したアメリカ人に感謝している。訳者は日本との戦時中に日本語を学んだ方だった。

親切で信頼できる先生方

敗戦で変わったのは同級生だけではなかった。先生方ががらりと変わった。私の尊敬する藤本先生は後で知ったのだが、米国の名門スタンフォード大学の卒業生だった。英国の教育専門誌の評価によると、この大学は世界で二位、かの有名なハーバード大学は三位、東大は三六位、京大は五四位だった。藤本先生は、私が風邪で欠席したら葉書をよこしてくれたので驚いた。先生は私の論文をほめ、ある論文に「君は学者になれ」と励ましてくださった。卒業後七年もたって東京の学校に就職したいと、相談したら先生の東大での友人が新宿区の教育長をしているからと、推薦状まで書いてくださった。当時東京都では中学教師の募集はなく、小学校だけで一回目の試験は不合格。それで、先生のところにまた行き実状を話したら「君は中学で英語を教えているが、東京の小学校教師の試験は厳しく日本語が一字でも違っていたら減点される。国語の勉強をして来年また受験しなさい」と助言してくださった。一年後、試験に合格、さて今度は違う問題が起きた。なんと、小学校一〇校から誘いがあり、どこを選ぶか迷った。机上に一〇枚の誘いの葉書を並べ考えた。そして、皆和文タイプなのに手書きが一校あり、親しみを感じ足立区立伊興小学校を選んだ。この選択は正しかった。足立区は東京の北東にあり、埼玉県境で、まだ田んぼがあり、新築の団地があちこちにある発展途上の田舎で気に入った。そして、松田校長はそのころ都内で二、三人という組合員の校長だった。最初の給料日に、「給料が上がったでしょ。これは東京には都労連という組合組織があって、給料を上げる要求を続けてきた成果です」と説明してくれた。

私は、それまでは「付き合い組合員」にすぎなかったが、組合活動の重要さを知り、熱心な組合員になった。その学校の組合役員になり、さらに足立区の役員にまでなった。これでまた別の好機会が与えられた。当時足立区の教員組合本部には熱心な情報の専門家がいて、その方が『足教組教育新聞』を日曜日以外、毎日発行していた。普通のわら半紙の半分の小さな新聞だが毎日発行するのは大変だった。配布は区の教育委員会に各学校向け文書棚があり、そこへ毎日各学校の事務員が取りに来るので配布は保障されていた。小学校五年生の時から書くことに興味を持っていた私は彼を応援しながら新聞づくりを大いに学んだ。その日の内容の中心を表す見出しの工夫、表現も何度か校正。それよりも書く内容を毎日考えなくてはならない。深夜になることもあった。

ある日、夜中の一二時を過ぎてやっと終わって自転車に乗った帰り路で、警察官に生涯でたった一度の不審尋問を受けたのは忘れられない。私は正直に組合の新聞を編集して遅くなってしまった、と言い訳をし、「あの電燈のついている組合の事務所から今帰るところです」と説明したら、その警官は納得してくれた。自転車のかごには何の荷物もなく、本人もカバンさえ持っていないので信用してくれ、解放された。

尊敬する藤本先生の話に戻ろう。先生は生徒の健康も考えてくれ、授業中に「喫煙は健康に悪いからやめるように」と話してくれた。それで私は興味本位で始めた喫煙を断念。教師になって中高校生たちが喫煙をしていると必ず注意した。この話を小学校の同窓会で当時中学の校長をしていたT君に話したら、「そんなことしたら殺される」と言われ、驚いた。私は何度か注意したが危険は感じなかった。プラットホームなどで煙草を吸っている数人の中高校生に「君たちは喫煙が体に悪いこと知っている?」から始め、浜松医科大学の文化祭で喫煙者の肺のホルマリン漬けを見たが真黒だった、と健康を守る点から注意した。また、喫煙の影響は吸っている本人だけでなく家族や友人にまで副流煙が影響を及ぼすのを、日本の医学者で疫学の専門家平山雄《たけし》さんが一七年間も研究し、喫煙と肺がんの関係を指摘し、今や世界で認められている、と。教師は時には生徒に憎まれても止しい知識を伝えたい。

もう一人英語の教師で鈴木先生と言う私と同姓の方が戦後来て、私たちのクラスの担任になり親切でした。テストの時、私が発熱し片道二時間の通学では無理なので休み、追試験をお願いしたら「英作文を書いて提出しなさい」と言われ、初めての英語での作文を苦心して提出。また「自分の成績を知りたい人は、来なさい」と言ってくれた。師範ではテストはするが成績表は出さず、本人には何も知らせない。これは私には好都合で、本ばかり読んでいた。武道館の後ろの階段は、誰も近寄らず私の絶好な読書階段だった。

中学の教師になった時、教員免許法が新設され教師が自分の専門教科を申請する時、私は当時社会科が好きで「社会」と書こうと思った時、鈴木先生に成績を聞きに行った時の成績を思い出した。社会の成績は大したことなく「英語」と「国語」が良かったことを思い出し、公式の免許上の資格をこの二教科で申請した。あの時「社会」としたら、その他大勢の中に埋もれ、積極的には村の社会的な問題点解決に力を注いでしまったと思う。鈴木先生の学生自身が自分の力を知るために教えてくださったことを今でも感謝している。生徒に自分の実力を知ってもらうことは大事。

この鈴木先生の前任者はアメリカの作家ワシントン・アービングの作品を教材に取り上げ、授業は訳すだけで退屈だった。そこで学生の私は先生に質問し授業を活発にするために勉強を始めた。いつも予習が先で意味がたくさんある難物の前置詞などを取り上げては先生を困らせ、今思うと先生にとって嫌な学生でした。しかし、この予習中心の学習法は先生がどう答えるかが楽しみで、授業に熱が入り私の英語力は著しく進歩したと思う。いやな授業も対応の仕方で大きく変わる。

新米教師、生徒に支えられ自分の限界も知る

家庭訪問は大変な面もあったが生徒たちの環境と教師自身の足りない面も知ることができる良い機会でもあった。

私は村中を自転車で走り回った。クラスの中に満州からの引揚者の子がいた。訪れて驚いたのは家屋がなく、山の洞窟の中に住んでいた。入り口には一枚の薄汚いむしろがぶら下げてあった。中には案内されなく、入り口で話を聞いただけで終わった。あの穴の中には電気はないだろう。ローソクで明かりを取っているだろう。

戦争中、中国東北部に満州国という日本の国をつくり、「満州移民」を奨励した。一九三六年の広田弘毅内閣は「国策として二〇年間に百万戸」の日本人を移民させて新日本国を創設しようとした（『角川日本史辞典』二〇〇八年）。敗戦後そこからの引揚者の一家だった。そして今思うと、私も村民の一人として村長や村会議員にこの惨状を伝えなかったことを反省する。事実を伝えそれを解

決する道を探るべきだった。村には空き家やいくつも大きな屋敷があるし、農家の作業場の一角を提供することもできた。私は同情心はあったが、解決への行動をとる勇気がなく、いまさら後悔している情けない教師だった。

もう一つ驚いたのは山奥の家に行った時のことである。その生徒の小学校はその地区に分校がありそこへ通っていたが、中学生になって村の中央にある中学へ通うことになった。私がその土地に行くと職員室で話したら、他の教師たちが次々とあんな遠くに行ったことはないぞ、大変な山奥だ、という反応。それを聞いて益々どんなところかと興味を持ち行ったが、実際に先生方の感想のとおりだった。大きな道路から外れ、自転車がもう使えなくなり、狭い土砂と小石混じりの坂道をとぼとぼと登ってゆく大変さ、こんなに遠くから山道を毎日学校まで通ってくるとは、すごいことだと思った。やっと到着したら、よくぞ来てくれたと家の人たちの歓迎の言葉はうれしかった。おそらくあの家を訪れた中学の教師は今までなかっただろう。クラスの子は卒業して山林関係の仕事に就き、ある時私の好きな一メートル以上の長いまっすぐなゴボウ数本を持ってきてくれたことがあった。

家庭訪問で失敗したこともあった。ある家で珍しくお茶を出してくれたのに、一口も飲まなかったのである。村で差別されていた「部落民」（「身分的・社会的に強い差別待遇を受けてきた人々が集団的に住む地域」『広辞苑』第七版）の家であった。私はその茶碗の薄い緑色を見て、このお茶は薄すぎる、味はだめだなと判断していて、手をつけなかった。父がお茶の商売をしていて、日頃お茶の人れ方や味など詳しく知っていたのである。しかし後で考えてみると、あの時は無理をしても飲むべきだった。私が小学校五年生の時、右足の痛みで歩けなくなり校舎の外の手すりに乗っていたら、下校中の生徒が次々と通り過ぎたのに、たった一人の上級生が「どうしたの？」と声をかけてくれた。足が痛くて歩けなくなったと話したら、私を背負って家まで連れ帰ってくれた方が部落の人だった。私はその時、部落民への軽蔑は、尊敬に変わったはずだった。しかし家庭訪問でお茶を一口も飲まなかったのは、お茶屋の息子だったからと言ういいわけではすまされない。私にはまだ偏見があった。それまで、お茶を出してくれる家などなかった中で出してくれた行為を無視してしまった後悔は今でも残っている。

もう一つ意外なことは東京都内の小学校で体験した。家庭訪問で区会議員のお宅に行った時のことである。帰りに封筒を渡され、帰って開けてみたらお金が入っていたのである。その時は、突っ返すのも失礼と思っていただいてしまったが、今なら当然返す。現在でも自民党の広島県の議員選挙で、政党助成金から一億三〇〇〇万円もの大金が選挙用に渡されたと報じられ、その金を候補者はばらまいたというから驚きである。政党助成金は国民の税金から正当な政治活動のために提供されたもので、買収用に使われたとは呆れた。助成金をもらわない党がたった一党あると聞く。政党は党員がいるのだから自分で賄うべきである。

しかし絶望の一九歳の新米教師は、弟や妹並みの生徒に救われた。当時は放課後に部活動などなかった。みな好きなことをしていた。ある時、戦時中見たこともない卓球の練習を見ている内に、やりたくなり参加した。私は返ってくる小さなボールを見事に打ち、自分は才能ありか、と自負した。しかし後で気がついたのは打ちやすい所に必ずボールが戻ってきたのである。相手はその中学一番の名選手で県下でも立派に通用する一流の選手だと気づいた。彼は新米教師の打ちやすい所に球を返してくれたのだ。これでは彼の練習の妨げになる、と悟って二度と卓球はやらなかった。同時にへたな相手に親切にしてくれた生徒の温かさに接し教師になってよかった、と思った。

女生徒で近くに町の中学があるのに、わざわざ小一時間もかけて村の中学に入学してきた生徒がいた。その子になぜ遠い学校を選んだのか尋ねたことがあった。しばらく間を置いてぼそぼそと話し始めた。小学校六年生の時、先生に性的いたずらをされたので、と正直に打ち明けてくれた。いやな教師がいるものだと初めて知ったが、こういう秘事を打ち明けてくれたのに感動した。その子は学年一番の好成績なのに就職すると言うので驚き、家庭訪問して、ぜひ高校へとお願いしたら、父親に「高校を卒業して確実な良い就職先に入れる保障がありますか」と反論されてしまった。そこで本人に彼女の家の近くに新設された夜間商校へ進学することをすすめた。この小さな私の努力は彼女の子どもにまで伝わったとみえ、私の町での一一年間の図書館建設運動に娘さんが積極的に参加してくれただけでなく、母親が交通事故で没後も年賀状を送ってくれている。

戦後の新制中学は突然出現したため専門の教師が少ない。村の中学では英語教師に新卒の若造の私ともう一人が決まったが、音楽の資格者はいない。職員会議で「鈴木君はどうか」と私が候補にあげられた。私は驚き「音楽は教えられません」と否定。そしたら「君は小学校の教師の資格がある。それは全教科が教えられることじゃあないか」とやられ、音楽の専門教師が見つかるまで臨時の音楽教師を押し付けられた。私は考えた。「音楽鑑賞を主にしよう」と。当時でも学校に古典音楽の名曲レコードが何枚もあり私はそれを利用し作曲家やその曲の良さを説明し、音楽の授業を名曲鑑賞会にした。これで新米教師自身にとっても楽しい時間になった。

教科書を教師に押しつけられた。英語の教師として当時の中学で採用していた文部省制作の教科書「レッツ・ラーン・イングリッシュ（英語を学ぼう）」に私は不満だった。面白くない、内容がつまらない、と思っていたら教科書展示会があると聞き、出張願を出して見学に行った。私たちの中学はその郡の北部の山々に近い地域でバスさえ走っていない。そこで隣町まで自転車でバスの始発場所へ行き、そこから三〇分ほど揺られて南部の会場へ着き、そこで当時日本全体で出版されていた英語教科書を片っ端から見た。その中で「ワン、ワールド（世界は一つ）A」「ジャック・アンド・ベティB」の二種類が気に入った。Aは内容が充実しているが英文が難しく戦前のエリート中学生向きで、BはABCを絵入りで説明したりして面白い。しかも英文がやさしい。これだと思い、帰って同僚に話し、賛成を得て、町の教科書を扱う書店に注文したら、驚いたことにもうAが届いているという。その地域のボスが勝手に採用し、郡下の中学に配布させたのである。私は即座にBを注文して、届いたAは返却してもらった。あの時、もし私が展示会で実物を見ていなかったら断れなかっただろう。その後、英語教師の地域での会合があるたびに、押し付け教科書の評判は悪く苦情ばかり、一年後、Ａは郡内から消えた。

九．アメリカとドイツの良いところを学ぼう

岸田政権の米国べったりは危険

岸田首相の先制攻撃賛成は、米国にとって「ありがたいこと」。相手側はまず米国のとりで日本を攻撃する。軍備増強は軍事産業で金もうけをする人たちを喜ばしている。ベトナム戦争の二一年間、米国は日本に若者を提供するよう要求。韓国は一五万人の青年をベトナムの米軍に参加させ五千人の戦死者を出した。日本は当時の良識ある日本の保守主義者が憲法九条をタテに拒否した。ところが安倍政権は集団自衛権を閣議だけで認めてしまい、自衛隊の若者を米軍に差し出した。

岸田政権はそれ以上、米軍に頼り、世界にとっても貴重な憲法九条を破っている。国際的暴力国でなく国内の言論の自由・法の支配を！

先制攻撃論は勇ましいが、相手国もこれに応じた軍備をととのえ攻撃してくる。日本を攻撃するのに核兵器はいらない。一五ほどである原子力発電所をねらえばよい。東日本大震災の時、ツナミは福島第一原子力発電所の電源を切断し、放射能は二〇〇キロ離れた流山市にまで飛んできた。人的被害は公表されていないが、数年間にわたって雑草や木の枝や葉は「危険物」扱いだった。それに日本の食料自給率はわずか三八%という低さで食糧補給が大変になる。また日本の人口は都市に集中していて空襲には弱い。今は最新式のミサイルを使用されれば反撃すら難しい。また日本には米軍の基地がたくさんあり、そこもねらわれる。日本の現実を認識し、予想される自然災害に備えることが大事である。東日本大震災の時、東北電力の原子力発電所は電気をツナミに切られずに無事だった。発電所を建設する時、東北電力の幹部が将来の大地震の予告を守り、備えて、高いツナミに襲われても免れる高さに電源を設置したからである。歴史と科学の知識で災害を予防した。

米国の長所、言論の自由と法の支配を学ぼう

岸田政権は米国の世界一の軍事力に頼ろうとしているが危険。米国はアジアでベトナム・アフガニスタン・イラクですべて失敗している。

米国に学ぶべきことは市民の政治的関心の高さ発言力だと思う。

私は米国へは行ったことはないが、英国への二回の旅行中、観光バスや名所めぐりで、いつも米国人が数人いて彼らの発言力には驚かされた。バスの中でガイドさんが話し中でもさえぎって質問し自分の意見を述べている。私などバスだと一日一〇時間ほど説明を聞くだけで、とても発言する力は残念ながらない。その発言でガイドさんの説明は深まり広がりを増す。この発言力こそ米国の民主主義を支え深めているのだ、とわかった。

それで帰国してから米国内での争いに注目するため米国の裁判を調べて驚いた。日本との戦争中数人の小学生が愛国心を高める国旗敬礼を拒否、退学されてしまった。この処置に不服で裁判に訴えたが敗訴。この事件を米国の新聞

四〇以上が取り上げ、子どもの権利を無視したことを非難し、ルーズベルト大統領夫人のエレノアさんは、「子どもの良心を守らない」と批判した。その時最高裁判官九人中、子どもの退学を認めた人は八人もいた。次に国旗敬礼反対事件が起きこの八人中三人が批判を受け入れ、子どもを守る側になった。たまたま裁判官の一人が退任し、大統領は人権派を選び、これで子ども派は五人となり子どもの良心支持の名判決＝バーネット判決が一九四三年六月一四日に出た。その時以来、米国ではずっとその判決は支持されている。大学法学部の図書館には米国の判決が集めてあり、バーネット判決をコピーし読んだ。その内容で感心したのは、

一、「強制的な統一は墓場への統一である」なるほど、これは戦前の日本にもあてはまる。

二、「市民を教育するには若者の自由な心を窒息させない」だから、この事件の後も中・高校生がベトナム戦争反対を黒い布を巻きつけて反対した時も学校側の生徒処分を裁判官は否定したのか。

三、「愛国心を養うには政府の押しつけでなく、説得と手本によるべき」その通り。

四、「憲法星座に恒星があるとしたら、公務員は市民に彼らの考えを押しつけてはダメ」

五、「憲法の保障する自由な発言・報道・崇拝その他の基本的権利は選挙の結果に屈しない」

これが米国人の強さであり、私たち日本人も憲法で保証された個人の権利を守らなくてはならない。

一〇．日本は何をしたらよいか

憲法九条を守り、軍備より災害防止に人や金を使う

日本は多くの国で歓迎され、うらやましがられている憲法九条を持ち、安心して交際できる国であり、太平洋戦争時代の侵略国とは違うと国そのものが高く評価されている。戦争の恐ろしさは驚くべき死者数が物語る。第二次世界大戦の死者数を調べてみた。死者は世界で三五〇〇万人から六〇〇〇万人も殺されている。ロシアは軍人一一〇〇万人、市民は五〇〇〇万人、ナチスドイツは軍人三〇〇万人、市民七八万人、中国は軍人二〇〇〇万人、市民は二二〇〇万人、日本は軍人一三〇万人、市民六七万人、ポーランドは全体で五〇〇〇万人、内三〇〇万人はユダヤ人、イギリスは軍人と女性二六万人市民九万人、アメリカは全体で三四万人の死者（以上の数字は『子ども百科事典ブリタニカ　一九巻』から）。

憲法九条を守り、自衛隊を災害救助隊に。敵をつくって攻めるなんて最低の考え方。日本は明治維新と敗戦の時、数百万という武士や軍人を平和産業に生

かした実績を持つ。

私の故郷である静岡県のほぼ中央にある大井川の西岸の広い丘は「牧の原」という雑木と野草の丘だった。そこへ武器を捨てた武士たちがやってきて、茶園に変え、世界一を誇る茶の産地にした。災害救助隊には若者という人材を持ち、道路を破壊されてもヘリコプターを持ち、船を使え、土木工事の機械も使える。

軍備増強より大地震に備え、災害対策重視の政党を選びたい。台風や予想される大地震に備えたい。地震調査研究所の調査結果では、太平洋側（東海・紀伊半島・四国）の海底には細長い南海トラフがあり巨大地震が予告されている。二〇〇四年一月の能登半島のマグニチュード七・六なのに南海トラフの場合はマグニチュード八から九の大地震の発生が予告されている。能登大地震でも倒壊した建物の下敷きになった人がいる。この行方不明者を救助したり建物を取り除く人と機材が必要。

家屋の地震耐久力を強めたい。家屋の破壊が命と地震後の住み家まで奪う。

地震前に専門家が各家を調査し、修理するか建て直す、その費用は国が負担する。

要するに国の手先になって殺人と破壊に使われるより人助けに人とお金を使いたい。地球温暖化で大火事が起きて自然災害に苦しんでいる人々が世界にいる時、日本の災害救助隊が応援にかけつけたらどんなに喜ばれるだろう。日本は人助けこそ選ぶべき。

ドイツのように日本も戦前の中国や朝鮮への暴力的支配に謝罪と補償を

ポーランドのユダヤ人を三〇〇万人も殺したのはナチス・ドイツで悪名高いヒットラーは独裁者として秘密警察を創設しドイツ全土のナチスに敵対する者を調査・撲滅した。この暴力支配国家と日本は手を結ぶという大失敗をした。ドイツは第二次大戦後、民主主義国家に一変した。

ドイツは征服した諸国に謝罪しただけでなく補償もしている。この過去の悪事へのつぐないが見事で戦前の汚名を取り除いた。日本はこのドイツの戦後での反省が少なく韓国内で日本の植民地時代の補償を求める訴訟がおこり韓国の最高裁は訴え支持の判決を次々と出している。情けない話である。日本は欧米の植民地政策をマネしたが実行の際、国内の皇民化政策をそのまま使い朝鮮では名前まで奪って日本式の名前に変えさせた。それに反発して奇妙な名前をつけた朝鮮人がいる。例、鉄甚平（ワシの姓は金だけど金を失っても甚だ平気だ）、田農丙下（天皇陛下をもじったもの）、犬食衛、江原野原千代田（朝鮮語のエハラ・ノハラ・チョダはこの世の終わり、どうでもいい、をもじった名前）皇国臣民の誓詞を学校、会社・工場・役所で唱和を強制した。

私ハ大日本帝国ノ臣民デアリマス
私共ノ心ヲ合セテ天皇陛下ニ忠義ヲ尽クシマス
私共ハ忍苦鍛錬シテ立派ナ強イ国民ニナリマス

学校では一九三八年の「朝鮮教育会」の改訂で、朝鮮語を科日から消し、日本語だけを使わせました。神社を建て、参拝を強要、拒否したキリスト者は弾圧され二〇〇以上の教会が閉鎖、逮捕者は二〇〇〇〇人その内五〇余名が拷問で殺されました（『日本は朝鮮になにをしたの』「いま伝えたい朝鮮侵略」編集委員会編集、一九九〇年八月一五日発行から引用）。

中国へは日本軍が侵略し、首都南京で中国軍民を一〇数万人殺している（「南京大虐殺」『角川日本史辞典』二〇〇八年六版から）。私の英国旅行では現地で珍しくアジア人がいて、話しかけた彼は中国人だった。私が日本人だと言ったとたん彼の顔色は変わり姿を消してしまった。日本人はきらわれている。

二・恋愛結婚に敗れ、見合いで生涯の妻と出会う

ドイツ語の縁

新制大学は受験科目が多く私には合格は無理だが、三年制旧制大学の入試は英語・小論文・第二外国語の三種類で、勉強嫌いの私向きだった。英語と小論文は得意だが第二外国語は師範学校では教えてくれない。そこで独学を決意。ドイツ語を選んだ。

なぜドイツ語を選んだかと言うと、シューベルトの歌曲が気に入って、ドイツ語で歌いたいと思ったから。さいわい、当時自習用の素晴らしいドイツ語のわかりやすい自習書三部作を発見し購入。文字だけで学ぶ限界を超えるため、ラジオのドイツ語講座で音声も学び始めた。そのテキストにTさんの感想がのっていた。女性がドイツ語を学ぶとは、どういう事情かと連絡を取り文通を始めた。

Tさんは結核を病んでいて今入院中で、有り余る時間をドイツ語学習にあてていた。文通を続けていると彼女の優秀さがわかってきた。中学・高校でいつも学年一位の成績だったことや、もう療養生活を何カ月も続けているとか。私はそのころ東京の小学校の教師だったので、Tさんの見舞いに東京郊外にまで出かけたこともある。彼女は美人ではなかったが、私は外観より内面重視なので、やせた細い体で懸命に学び生きている姿に同情し感心した。病気が治って妹さんと都内の家に住み、そこを訪れたこともある。彼女の父は都の交通局に務めていた。母にはあったことはない。すでに故人なのだろう。

Tさんの生活を支えるには結婚がいいと考え、申し込んだらすぐ承知してくれた。彼女は父親の世話で都の交通局で働くことになり、びっくりしたのは夫の私に都バスを無料で利用できる家族券が与えられた。私のさびしい生活は楽しく明るいものに変わった。

ところが、結婚後四カ月たって帰宅したらTさんが、いない。彼女の持ち物もない。彼女は家出。行き先を確かめ、慌てて家出して持ち去るのを忘れた大きな火鉢など届けた。彼女の意思は固く、離婚。彼女のきゃしゃな体で勤務と家庭での仕事の二本立ては無理だったし、育児など考えられなかった。それを理解しなかった夫の私は彼女に無理をさせてしまった。彼女は働くことで、自立することを選択したのである。

私が失意の底にいた時、静岡市の北川伯母が助けてくれた。父の姉で金谷町に住んでいた時、父の小さな製茶再生工場の設備資金を貸してくださり、私は年末になると分割払いのその年の分を何回か届けたことがあった。北川伯母は新聞を隅から隅まで読み、行くと、その頃の事件の時評を述べ、私も訪問前に主な出来事に目をとおし、自分の感想をまとめておいた。英語専攻の私が社会事情に関心を持ったのは、この伯母の影響、この伯母に「インテリ婆さん」と、あだ名をつけた。そして息子さんが静岡市に引っ越し、伯母も移住し、しょんぼりしている私に連絡が来た。市内の伯母の家の近くに良い娘さんがいる、会ってみないかと勧めてくれたのである。それが明子さんだった。

たくましい女性、生涯の妻

明子さんは私を六〇年間も支えてくれた。すらりとしたTさんと違い、明子さんは肩幅が広く、がっちりしていて高校の教師の時、廊下ですれ違った年配の体育の先生に声をかけられた。

「何か運動をしていましたか？　体格がいい」と。彼女の説明によると、スポーツではなく静岡市の空襲で丸焼けにされたのち、母の生家の掛川市へ避難したが、一家九人が暮らす部屋がなく、お蔵に住んでいた。蔵には水道がなく産後の母を助けてバケツを両手で運んだ。七人兄弟の真ん中で、当時中学生だったが上の兄や姉は大学や高校へ出かけ、昼間は臨時に長女の明子さんが水運びを毎日し、彼女の身体と精神を鍛えた。私は当時、東京の小学校の教師をしていたので、デートは私が東京から帰省するたびに知らせた。

明子さんの家は静岡市内にあり戦前の紙問屋を再開。彼女は私に気があるな、と感じたのは、東京へ私が帰る時、汽車に乗り込んできて話し込み、いくつかの駅を通り越してやっと降りる乗り越しを繰り返した。互いに教師として教育の話になるときりがなかった。明子さんの女子高校生への思い入れが感じられ、私も小学生の純情さに引かれ、そのまま小学校の教師を続けるか、専門の英語教育に戻るか、など話はきりがなかった。

彼女のことで一番感心したのは、母の紙問屋の仕事を小学生の頃から手伝い、そのつど小遣いをもらい、そのすべてを貯金し、大学入学の資金とした話。幸運が重なった。高校の同級生の姉が彼女の大学の先輩で、父親が借りた名古屋市の借家に一人住まいは心配と、明子さんは同居を頼まれた。費用は食費だけ、おまけに明子さんの叔母は名古屋市の大会社の社長夫人で、娘さんの家庭教師を頼まれ収入まで得られた。先輩が卒業し大学の寄宿舎に最上級生として入り、そこで貴重な体験をする。塾生が毎日同じような食事に不満があり、寮生の代表として大学と交渉し、寮生に料理を任せることは実習になると主張し、ついに実現。寮生が帰郷すると、その土地の食材を土産として持参したりして大いに楽しんだ。そして明子さんは大学の費用をすべて自分の稼ぎで賄った。

一一．恋愛結婚に敗れ、見合いで生涯の妻と出会う

明子さんから聞いた中学校時代の苦労話。文部省が敗戦後、新制中学校を義務教育としたが校舎がない。明子さんの疎開地掛川市では旧制中学の空き部屋を使い、机も腰掛もなく座布団を抱えて登校。静岡市に戻っては兵舎が学校に。兵士は土足で使っていて美化委員長となった明子さんは、床の拭き掃除に大奮闘。「掃除大臣」という名誉あるあだ名がついた。

この空襲と、その後の自分の家がなく、食べものに欠け、水道もない生活こそ彼女の平和活動の原点だった。

大学卒業後、高校教師、私と結婚して退職。その後も同窓会ごとに招かれた。二人の娘を生み立派に育てた。長女は医者として人助け。次女は難病を持ち病院を一一も。母は苦労したが一〇歳で死亡。その一〇年を私が書いたのを読んだ知人が、この子は「聖女だ」と言ってくださった。祖父母を喜ばせ他者への愛情に満ちていた。妻も両親の仕事を手伝い、私は安心して仕事に専念でき、高校と大学で教えた。

千葉県の流山市に引っ越してすぐ、二〇〇七年から読書会の創設に参加し、

私たちは文集を発行し始めた。その文集の第七号から最終号までの一〇回に彼女は寄稿した。いつも締め切りに間に合わず、編集者の私は催促係となり困ったものだった。しかし文集を読んで彼女が遅筆ではなく、書くのが苦手になった理由がわかった。

戦争中のこと、兄が東大の学生で、教授の一人が平和主義者で戦争に反対して警察に追われた。教え子を頼って逃亡中に静岡の彼女の実家にもよったため、警察が家を取り囲み、その教授はもういないのに数名で家に押し入り家探しを始めた。二階の彼女の部屋で日記まで読まれノートなどバラバラにほうり出して帰った。この事件以来書くことが怖くなった。

妻が私をどう思っているか、全然知らなかったのだが、遺品を整理していたら妻が流山市内にある東葛看護専門学校で学生さんとの話し合いの記録があり、「夫とは何でも話し合えるのがいい」と書いてあり、嬉しく思った。家族や友人と話し合えることができるのは、有り難いことだと、私も思う。

三。すばらしい娘二人を持った幸せ

医科大にその高校から初めて合格した姉

六〇年連れ添った妻に先立たれたものの、私の充実した生涯は妻のおかげだと思った。家庭のことは何も心配なく、任せられた。結婚し東京から静岡に戻ったら、妻は祖父母の仕事まで手伝いながら地域の生協の役員となり、水泳やバレーを仲間と楽しんだり、中学生の勉強を見たり、高校の非常勤講師までした。

さて、二人の娘の成長記録をまとめ始め、この姉妹も私を支えてくれたことを実感した。

一九六〇年我が家では希望の星、長女が生まれた。東京はお茶の水の三楽病院で。体の大きさは普通だが泣き声はものすごく夜中に泣くと看護婦さんが「どうかしました？　ベッドから落ちましたか？」と走ってきた。退院して家に帰っても夜中の泣き声はすさまじく父も睡眠不足。これはやがて収まった。

今度は立ち上がれるようになると、三越デパートで購入した特大ベビーサークルの中央に疲れ切った妻が寝ている。その柵の中で娘はその柱を握って立つ。歩けるようになると私の帰りを待っていて「さんぽ」とせがむ。まだ舗装されていない道路上の石を拾っては「○○、みたい」と口にする。なるほど母親は散歩の度にこうして観察力・想像力・表現力を楽しんで育てていたのだ。

美術館や展覧会へは夫婦揃って行ったものだ。ある美術展で「この絵のタッチは、いいね」などと話し合って鑑賞していたら、おんぶされていた直実赤ちゃんが「タッチ、タッチ」と突然英語で叫んだのには驚かされた。多分、その頃、直実が立つことができて「タッチ」と言われていたのを思い出したのだろう。

私たち親子が東京足立区の舎人《とねり》に住んでいたころの話である。我が家の近くに洋服屋さんがあり、毎日、母と散歩している直実に洋服屋さんのお嬢さんたちが目をつけた。よほどかわいかったと見え、「貸してくれませんか」と、申し込みがあり、母も一日中相手をして疲れ気味で、喜んで承認。

ある日、帰ってきた直実を見てびっくり、口紅やほほにおしろいをつけられていた。これは生きた人形扱いで遊ばれていると気づき、それ以後は断った。それにしても、直実は良く適応したものである。

妻の弟は長崎大学生で、静岡市へ帰省する時、わざわざ学生用回数券で東京までやって来たものである。必ず小遣いをあげたし、家の本も狙っていた。彼の失敗は、娘たちの愛読書を黙って持ち去ったことで、彼の評判はがた落ちになった。ある時、銀座でウナギをご馳走しようと直実を連れて三人で出かけた。銀座を歩いていたら、突然娘が「おんぶ」と言い、紳士服で正装していた父親が銀座の真ん中で娘をおんぶするハメになった。

伊豆半島の根元にある三津《みと》水族館ではイルカのジャンプが見もので、そこへ行くには沼津から船で行くのが早道と、沼津の大高安江さん（私の義姉）の家に一泊させてもらった。その夜、沼津では花火大会だったが、父はくたびれて行かないと言ったら、大高の伯父さんが直実を連れてってくれた。帰りにはおんぶしてもらって。駿河湾は波静かで、三津のイルカたちは元気いっぱい。空中高く何匹も跳ね上がり、私たち見物人を驚かせた。参ったのは落下した時の水しぶきが前列にいた私たちの方まで飛んできたことである。

上野動物園へ直実を連れて何回も、ある年の手帳に七回も記録があり、特に妹が生まれてから母親の負担を減らそうと日曜日に出かけたものだ。ある時、動物園前のベンチで休んでいたら、デンスケ（携帯用録音機）を持った若者が話しかけてきた。「今日は父の日と知っていましたか？」と。これは、生涯でたった一度の取材だった。

妹須実の誕生で妻がさらに疲れてきて、私の判断で静岡県の祖父母の所に姉娘を連れていった。私は「必ず、迎えに来るよ」と言い残して預かってもらった。二、三日は泣いたそうだが祖父母は大いに歓迎して世話してくれ、娘もよくなついた。東京に戻った時、妹の世話で疲れた妻の応援に、わざわざ上京してくれた祖母の帰り際には、姉は静岡までついて行ってしまった。

三歳になり村の保育園に入った。家族が交代で送り迎えをし、私が迎えに行った時、泣いているのが姉だった。保育園を嫌い何日も欠席し、身体の調子まで悪くなり一年延ばしたら、姉はおおいに喜んだ。

姉が四歳になり妹も保育園に行った。妹は紫外線に極端に弱い難病で、外で遊んだり遠足に行ったりした後は顔が真っ赤に日焼けする。すると、保育園の子どもたちが、「こわいこわい」と言って面白半分に遊び回ったことがあった。姉がその仲間入りしていた。そこで、私は姉に言い聞かせた。「姉さんは妹を守ること。妹の顔は、あの子のせいではなく、生まれつき日光にあたると日焼けしやすいこと。誰だって生まれつき弱いところがあり、それをからかったりしてはいけないよ」。姉はそれ以来、いつも妹を守ってくれた。

姉九歳妹六歳の時、一家揃って大井川の上流の寸又峡温泉へ出かけた。一月五日でテラスに雪が積もっていて娘たちは大いに喜ぶ。温泉は大きく、持って行ったビニール製ボールで娘たちは風呂に入るのでなく、暴れていた。本当にうれしそうだった。

妹は四月から遠く離れた養護学校へ。姉は遊び相手がなく両親にべたべたし始める。

「今までは家の中で妹と遊んでもらったが、今後は外へ出て友だちとどんどん遊びなさい」と言っておく。姉は寂しいのだ。私としても妹が一人で生活できるのか大いに心配だった。

私が姉を連れて養護学校を訪れたら、妹は「ねえちゃんがきた」と飛び上がって喜ぶ。

私が工業高校の教師の時、生徒を連れて県内の工場見学をした。日本楽器へ引率した時ハーモニカを大小二個教師にくれた。大きい方を姉にあげたら「お父さんの子で良かった」とつぶやいた。

小学校二年生の時、隣の市の伯母の所で、粘土細工をつくっていると連絡があった。伯母は小さな焼き物を装飾用に仕上げデパートで売り出すほどの腕前だった。姉は一人で国道の所でバスに乗り換えて島田市に行ってきたのに感心した。五年生の時も伯母の所へ行き粘土をもらってきた。次の日に隣町に住む従姉妹を我が家に招き、いただいてきた粘土で様々なものをつくった。姉の作品は種類が多く、工夫されていて面白い。

三年生の時、姉の運動会に祖母が参加してくれ、姉が二等賞のリボンを二つ胸につけていたと報告があった。昨年は三等賞だったから力がメキメキついた感じ。

もう四年生近くになったころ、姉は三日間連続し飼育当番で学校へ行った。飼っている鶏やウサギに餌をやる仕事である。普段は一日交替でやるが、年末で同級生の二人が親類の家に泊まりに行くので仕事を頼まれたという。不平を一言も言わず仕事を引き受けている。帰ってくるとボールで遊んでくれとせがまれ、午前と午後一回ずつ階段の上と下で受け取りっこ。私も運動不足なので喜んでやった。

五年生の授業参観で私が参加。担任の話によると、テスト成績で席を決め姉が一番だったので最後尾の席だった。いやな教師だ。私だったら、席を変えるとしたら最低の成績の子の隣に変え「わからない時は、直ちに教えなさい」と言うだろう。教えることが勉強になるし、助け合いの楽しさが身につく。

六年生で、映画「ジャンヌ・ダルク」を観て感心し、ノートへ辞典などで調べては引用してまとめていた。このノートの利用は見事で、高校生になって大学受験で医科大学に合格した時は何十冊も書いて勉強したノートを処分したことを、思い出した。書いて覚えるのは良い勉強法である。

姉を運動で体をさらに鍛える必要があると考え、中学生の時バスケット部に入ることを勧めた。ところが体が小さく中学時代に選手に選ばれず、いつも記録係。それでも練習は続けた。それが運動能力テストで効果を発揮し一級を取った時は親のほうがたまげた。体力をつけ、下積みの重要さも学んだだろう。

榛原郡下で年一回読書感想文の選考会が、榛原高校の同窓会主催で行われていた。その頃、五和《ごか》中学校の生徒だった直実の読書感想文を先生が送ったら優秀作品に選ばれ表彰されることになった。父親が名誉ある付き添いで榛原高校まで出かけた。大井川線で金谷駅まで行き、そこからバスで三〇分ほど揺られてやっと到着。片道一時間ほどかけて高校に着いた。賞品が大きな国語辞書とは意外だった。先日、あの時の感想文の本は、ガンジーだったか、と私が聞いたら違っていた。本人も書名は覚えていなかった。

静岡県の金谷町（今は島田市に合併）は自然が豊かだった。山あり川あり、草花が豊富で植物採集を植物学者の牧野富太郎氏にならって、どうらんを肩にかけ植物を採取し名前を調べたものだ。鳥も庭にまでメジロやウグイスがやってきた。ある時庭木に植えた果樹が数メートルの高さに成長したが虫がつき、枝に何十という虫の子を保護する殻でぶら下がった。これでは春になったら虫の子たちが木を食べてしまう恐れがある。殺虫剤を使う必要があるかな、と思ったが、ある朝、庭が騒々しい。鳥の群れがやってきて、声をあげて虫の殻を次々と食べている。二、三日で虫の殻は全滅。ありがたかった。

直実が中学生になって、大井川の支流、大代川《おおじろ》の堤防を散歩したものだ。ある時、すっくと伸びた麦をさして「この草の名は？」と質問した。私たちが小さい頃は、米の収穫後、麦を植える二毛作が村では普通だった。その「ムギ」を娘は知らなかった。それ以来、「これは何？」と、野草を含めて、名前を伝えることにした。

桜の咲くころ、この大代川沿いの桜の木々から花びらが散る光景は絶景だった。「下を見る花見」で、川の清流を何千何万という桜の花びらが、かわいい薄桃色の小さな小さな小舟になって川を流れ下る様は素晴らしかった。花弁が踏まれることなく、流れに乗って生き生きと進む自然の美しさ、あの花びら小舟の大群をもう一度見たい!!

娘が高校時代に学んだ貴重な体験は、生徒会活動か。数人の女生徒が中心になり学校の諸問題に取り組んだ。これは姉が浜松医科大学生になり、役立った。当時合格者百人中女性はたった五人、姉は後に自治会長に選ばれ、学長とも何度か会う機会があり、学長から大学に残らないかと誘われたこともあったが、即座に断ったという。学者より現場の医者を選んだのだ。きっと難病の妹のことを思ったのだろう。

姉が大学生になった頃、祖父が病気がちになり近所の病院では病名すらわからなかった。それで娘は大学の教授にお願いして入院と治療を頼み込んだ。そのおかげで祖父は当時最高の手当てをしてもらい死亡。私は病理解剖を申し出た。それでわかったのは病気が重なった複雑な死因だった。入院費は覚悟して用意したが、なんと無料だった。私は担当の教授にお礼にいったら、「娘さんの熱心さには、負けましたよ」と。

東京でお祭りがあり、私たち夫婦と大学生の娘が参加。お茶農家の前で立ち止まった。お茶の丸い筒にお茶を詰めるだけ詰めて同じ値段と言う。もう二、三人おばさんたちが盛んに缶の上から茶葉を押さえて詰めていた。娘がやってみると言い出し缶に茶葉を入れ、ほかの人たちとは逆に底を軽くとんとんと叩き、さらに上から茶葉を付け加えた。あれはプロの業。小学生のころから祖父母の仕事を手伝った成果。姉は点取り虫に、ならなかった。

私は今九三歳、三年前に妻に先立たれ、がっかりしたが一六年前に娘の裏の家に移住してきておいてよかった。私の身体の調子が悪い時とか、何か問題があると相談でき、実に頼りになる。この頃は毎朝食事をお盆にのせて持ってきてくれ、おまけに昼食の副食までつけてくれる。頼りになる娘が近くにいて本当に助かる。娘のためにも、私の生涯を書き残しておこう。

学校の成績は最低、しかし人柄は最高の妹

姉より二年遅く生まれた妹は、難病を抱えて生まれた。紫外線に極端に弱く、太陽光をしばらく浴びると、ほほが真っ赤になり痛いと泣き叫ぶ。妻は病院で見てもらったが、病名さえわからない。わかったのは二歳一〇カ月の時、妻が妹を背負って私が当時入院中だった静岡市の国立病院に見舞いに来て、廊下ですれちがった医師から帰りに皮膚科に寄りなさい、と言われ判明した。彼は日本の皮膚病の権威北村博士だった。妹の病名は「色素性乾皮症」で、「紫外線に極端に弱く、皮膚がんになるので日光には気をつけなさい」と言われた。

ところが妹は外向性で外に出て友だちと遊ぶのが大好き。姉と保育園にいそいそと出かける。ある時、私は保育園に様子を見に行き驚いた。運動場で太陽の光を浴びながら妹が一人で水道の水を流して遊んでいる。果たして翌日に顔が日焼けして痛い痛いと泣く。妹には開放的な学校は適さない、どうしたらいいのか、普段は姉が家の中で、遊んでくれた。言い聞かせて外出は昼間はやめ

させ夕方姉と私の三人で散歩したものだ。

小学校は近くにあったが、養護学校に入れることにし、探した末、浜松市の北、天竜市の養護学校に目をつけた。そこは病院と宿舎と学校が廊下でつながっていて、学校には小さな体育館まであり外出しなくても良い。六歳の子を家庭から離して暮らすのは心配だったが、本人は友だちがいると、喜んで集団生活を始めた。それ以来、面会日の日曜は家族が交代で会いに行った。電車を二回乗り換えて片道約二時間。祖父が行ったら「おじいちゃんだいすき」と抱きつかれた。私が姉を連れていったら「ねいちゃんが、来た」と飛び上がって喜んだ。初めての学校参観日に私が出かけたら授業中なのに、教室の後ろまで走ってきて飛びつかれた。

一年は無事に過ぎ、成績表を見てたまげた。一、二、一、二、と最低の成績である。我が家では毎晩私が入学前何年も本の読み聞かせを続けたのに。私は校長先生にお願いして、もう一回一年生を、と頼んだ。これは思いがけない結果となった。その年新入生は一人もなく妹は貴重な一年生になった。成績は悪いが記憶力は良く、保育園では「タイプライター」や「書斎」という言葉を使って先生を驚かし、一年生の時先生が「これ何」とかなり大きな円筒を指したら「ブルドーザー」と答え、その単語を知っているのに先生が驚いたという。彼女は「わたしはアキノキリンソウがすきです」とか「ゴゲンビワ」も口にし、両親さえびっくりした。我が家には子ども向けの絵入り百科事典が二種類あり、それをめくっては気に入ったらしい。さらに私を驚かせたのは、もう三、四年のころ病棟にいる小・中学生十数人の名前と学年一覧表を書いて見せてくれたことだ。そして日曜ごとに玄関にいて「〇〇ちゃん、おかあさんがきたよ」と、案内嬢の役をしていたことだ。おそらく彼女は自分の家族の誰が来るのか毎日曜期待していたのだろう。

ある時、六〇年の夫婦生活でたった一度妻が嘆いたことがあった。「この子（妹）は産むんじゃなかった」と。明子が病院を一一も連れまわり、静岡県の浜松市や静岡市だけでなく、横浜や東京まで連れていった苦労はわかる、と私は言った。しかし、この妹の存在は祖父母を喜ばしたこと、我が家を一致団結させたこと、医療費の用意のため親が無駄づかいをしないことなど、を実現させた。それに妹は面白い子だった。

また環境の変化もあっただろう。姉の時は三人家族、静岡では祖父母を加えて六人と倍増。妹が一年三カ月たって、ようやく触らずに立ち上がった時、五人の観客は一斉に「タッチ、タッチ」と言って拍手。次の日には立って、またのぞき、までできるようになり自分で「タッチ、タッチ」と言ってはもちをつく。今度は「ドスン」といってやる。妹はにやにや笑って何度も「ドスン」と言っては繰り返す。二カ月たったころには歩けるようになった。それを見て、みなで拍手。

妹はテレビで人形劇を見てから、目をゆっくりぱちくりして劇中の人形の真似をして、みな大笑い。二歳半の頃、私の横に寝ていた妹が私を「かわいいかわいい」と頭を撫で始めた。そして枕元に置いてあった眼鏡を私にかけて「パパいいこいいこめがねかけてる」と言い、母が思わず笑った。

妹が七歳の時、天竜養護学校に入学、ところが入学前戸外で遊び顔中日焼け。

その上、ほほに粒々ができ、浜松の赤十字病院へ出張していた慶応病院の医者から手術の必要があると言われ、東京の慶応病院に入院（一九日間）。まず薬で試みたが効果なし。八カ月後再入院（三七日間）。皮膚がんの恐れがある部分を五〇カ所も摘出。次の年にも手術後の経過を見るため二回入院し、この四回の入院費が当時の父の月給の三カ月分強に達した。そこで初めて確定申告のために地域の税務署に行き、書類を提出したら、職員に「大変でしたね」と同情され、我が家の緊縮財政が始まった。ある時、四歳の姉が「パパにあげる」と小遣いを貯めた四〇円を、差し出されたのには驚いた。後で妻に聞くと、我が家の経済の苦しさを聞いていたらしい。その時私の財布には七五円しか入っていなかった。今は娘の病気は難病に指定され国の援助がある。四度目の入院後、薬の副作用で下痢が発生し、地域の病院に入院（一九日間）、娘におむつをつけ、その取り換えを父母交代で実施、私も三日間泊まった。最初の夜など一晩で一七回交換。点滴のせいか「あしがかゆい」と言い出し、一時間も足をさすった。そして「おばあちゃんに来てほしい」と言った。

母が学校参観日に出かけ先生に聞いた話。手術後の副作用で頭髪が抜けカツラをかぶっていたが、体操の時、それが吹っ飛んでしまった。すると、はげ頭の娘は「ワッハワッハ」と笑ってかぶり直し、他の子たちは何も言えなかったという。これは妹が失敗した時の対応策で、私の面会の時、「とうさんおんがくでこの歌ならったよ」と音楽の教科書を開いて歌い出した。我が家では小さい時から、いつもレコードなどで歌に囲まれていた。娘が歌っている内に、何と教科書の説明まで曲をつけてしまい、私は真似して「この歌は…」とやったら、娘はぱっと気がつき「ワッハッハまちがえちゃった」と言った。これは娘から学んだ失敗始末法で、私は年をとってヘマをしでかすことが多くなり、自分に自分で、ヘマ爺《じい》とあだ名をつけた。そして「ウフフ」と小声で笑い飛ばすことにしている。

横浜市立病院に入院した時は、おばさんたちと同室でずい分かわいがられた。同室の一人は横浜中華街の中国料理屋の奥さんで、調理中誤って顔中やけどをし、すごい状態だったらしい。娘は自分が顔の日焼けで苦労したので同情し、他の人たちは気味悪がって近づかないのに、よく声をかけていたとみえ、なんとその奥さんは退院後、娘の住所氏名を調べて横浜から中国製の布地を静岡県まで送ってくださった。また同室の別の夫人はリボンフラワーの先生で、娘の退院の際、大きな透明なプラスチックの箱に白いバラを入れて娘にくださった。娘は退院の時、それを手放さず、大きいので電車の中ですれ違った人の足にぶつかって母はひやひやしたという。

祖父は若い時の力仕事の影響で「腰が痛い痛い」とよく言っていた。家の者はみな、またかと思って気にしなくなっているのに、「あの子だけは『おじいちゃんいたい?』と、よく声をかけてくれる」と祖父は感激して日記に書いてあった。「あの子のように正しいきれいな心を持っている人は少ない」とも。

娘の日記に、こう書いてあった。「きのう　こもだせんせいがきました　がっこうのせんせいですそのときせんせいは　さみしそうです（私が）みんながんばれというと　せんせいが　わらいました　ワッハッハ」。担任の先生が産後初の登校の時だった。その先生が通知表にこう書いてあった。妹は「明るい性格」「病棟でも学校でもみんなに愛され、大変元気です」

また、入院したどの病院でもみんなに愛された。慶応病院で、ある日一人の伯母さんが妻に、お礼に来たという。三歳の子が入院していて病院では付き添いがゆるされないので困った時、「お嬢さんがうちの子を毎日遊び相手にしてくれたのです。おかげで助かりました」と。

他にもいろいろいただいたりご馳走してもらったり大変な人気だったようだ。担当の医者も薬屋が置いていった飾りをくれたという。静岡県の島田市民病院の子ども病棟に入院した時、その婦長さんは妻に「娘さんは一人っ子ですか」と聞いたそうだ。「とても大事に育てられています。ほかの子と違います。とても気立てが良い」と、嬉しい言葉だった。

妹は思いやりのある子で、妻が面会日に行くと「おひるまえにあめがふるからかえるように」と言われたと聞いた。妻への手紙に「おかあさん　おげんきですか　おかあさんのかさ　ありますわすれないようにしてね」と。日記の中に姉が出てくる。「私のうちは金谷町です。うちへかえりますわたしのおねえさんがまっているようね」「おねえさんは　中学一年生です　わたしは四年生になります　おうちへかえったら　おねえさんに　あそんでもらいます」

　拒否することもできる子で、大好きな祖父が面会から帰る時、妹が蓄えていたリンゴ三個から二個を「おねいちゃんと　おばあちゃんに」と差し出した。あとの一つを祖父が「おじいちゃんに」と言ったら「それは私の」。妻が慶応病院へ見舞に行った時、待ち合わせの人たちの中から「お母さん」と声がかかり、娘だった。何でそんな場所にいるのかと思ったら、教授回診で学生さんたちの見せ物になるのを避けたようだ。

　二人の娘は、それぞれの良さがあった。幼い時、私は三人で散歩や凧揚げをしたり、座敷では私は、馬になって、よく遊んだものだ。読み聞かせは毎晩、動物園や博物館を訪ね回ったことも思い出す。そして孫たちを世話してくれ、喜んでくれた祖父母に感謝している。なんといっても苦労して娘たちを生み、育ててくれた亡き妻の霊にも心からお礼を言いたい。そして頼りになる姉がいて、遊び相手をしてくれたことは、妹娘にとって幸運だった。

須実は行く先々の病院で人々を楽しませ、祖父母になつき喜ばせた一〇年の、短いけど、素晴らしい生涯だった。そして、この子は今でも私の心の中で生きている。私の唯一の後悔は、妹が祖父にしたように、「須実ちゃん、大好き」と言って抱きしめなかったこと。

「須実ちゃんあなたは、お父さんの中で、今でも生きてるよ」

著者略歴

鈴木光治（すずき みつはる）

1930年3月、東京深川生まれ。静岡県金谷（現島田市）で育つ。2007年千葉県流山市に移住。

浜松師範学校卒業後、教員をしながら慶応義塾大学文学部（通信教育）にて高校教師の資格取得。中央大学法学部（通信教育）を卒業後、小学校・中学校・高等学校・大学（日本福祉大学）で教職を経て地域の生涯学習講座で教鞭とる。

【著書】“The Lucky Dragon”（三友社出版）、“Living in a Stormy Age”全3巻（私家版）、『学生、戦時下の強制労働―私の学徒勤労動員日記』（本の泉社）

【共著】高校生用英語教科書6種類（三友社出版社）、『父が語る太平洋戦争2』（童心社）、『英語と平和』（桐書房）、『本を読もう流山の会文集　全20集』

不運の中にも幸運あり

2025年1月23日　初版第1刷発行
著　者　　鈴木 光治
発行者　　浜田 和子
発行所　　株式会社 本の泉社
〒160-0022 東京都新宿区新宿2-11-7 第33宮庭ビル1004
TEL.03-5810-1581　FAX.03-5810-1582
https://www.honnoizumi.co.jp
印刷・製本　株式会社 ティーケー出版印刷
DTP　　木椋 隆夫

ISBN978-4-7807-2263-5 C0095